Владимир
ВОЙНОВИЧ

портрет на фоне
мифа

D0926625

Москва
ЭКСМО
2002

УДК 882
ББК 84(2Рос-Рус)6-4
  В 61

Оформление художника *И. Саукова*

Войнович В.

В 61   Портрет на фоне мифа. — М.: Изд-во
Эксмо, 2002.— 192 с.

ISBN 5-04-010253-4

УДК 882
ББК 84(2Рос-Рус)6-4

Когда некоторых моих читателей достиг слух, что я пишу эту книгу,

они стали спрашивать: что, опять о Солженицыне? Я с досадой отвечал, что не опять о Солженицыне, а впервые о Солженицыне. Как же, — недоумевали спрашивавшие, — а «Москва 2042»? «Москва 2042», — отвечал я в тысячный раз, не об Александре Исаевиче Солженицыне, а о Сим Симыче Карнавалове, выдуманном мною, как сказал бы Зощенко, из головы. С чем яростные мои оппоненты никак не могли согласиться. Многие из них еще недавно пытались меня уличить, что я, оклеветав великого современника, выкручиваюсь, хитрю, юлю, виляю и заметаю следы, утверждая, что написал не о нем. Вздорные утверждения сопровождались догадками совсем уж фантастического свойства об истоках моего замысла. Должен признаться, что эти предположения меня иногда глубоко задевали и в конце концов привели к идее, ставшей, можно сказать, навязчивой, что я должен написать прямо о Солженицыне и даже не могу не написать о нем таком, каков

5

он есть или каким он мне представляется. И о мифе, обозначенном этим именем. Созданный коллективным воображением поклонников Солженицына его мифический образ, кажется, еще дальше находится от реального прототипа, чем вымышленный мною Сим Симыч Карнавалов, вот почему, наверное, сочинители мифа на меня так сильно сердились.

Однако, приступим к делу и начнем издалека.

почитал многих писателей, но больше других Щедрина, Зощенко и Платонова, которых постоянно к месту и не к месту цитировал. Был, однако, еще один автор, стоявший выше всех перечисленных, он был Сацем любим особенно и мне настоятельно рекомендован.

— Читайте Ленина, — говорил мне Сац, — и вы все поймете. Прочтите для начала «Что такое «друзья народа» и как они воюют против социал-демократов?». Или «Материализм и эмпириокритицизм». Или «Государство и революция». Или — еще лучше — потратьте время, прочтите внимательно полное собрание его сочинений, и вы увидите, что у него написано все про все.

Был вечер декабря 1961 года.

Мы с Сацем сидели у него в его отдельной двухкомнатной квартире без туалета. Туалет общий находился в конце длинного коридора. Но отдельная квартира даже без уборной — роскошь, по тем временам неслыханная. К тому же столь удобное расположение — на углу Арбата и Смоленской площади. Тут же тебе метро и один из самых больших в Москве гастрономов.

Мы пили водку, закусывали жареной картошкой с ливерной колбасой и разговаривали.

Любовь к подобному препровождению времени была у нас общей, несмотря на разницу в летах — мне 29, а ему вдвое больше.

Фамилия Сац дала России целый букет самых разных талантов. Известный в свое время композитор Илья Сац приходился Игорю Александровичу дядей. Дочь дяди Наталья Ильинична, смолоду угодившая в лагеря, была потом известна как драматург, режиссер и многолетний руководитель детского театра. Сестра Игоря Наталья Александровна Сац-

Розенель прибавила себе третью фамилию, выйдя замуж за ленинского наркома просвещения Анатолия Луначарского. Другая сестра — Татьяна Александровна — была хореографом, руководителем балета на льду и тренером многих известных фигуристов. Сын Саша стал потом известным пианистом. Сам Игорь Александрович тоже начинал как пианист и, как я слышал не от него, подавал очень большие надежды. Но после ранения в руку еще в Первую мировую войну был вынужден эти надежды оставить. Стал литературным критиком и редактором. Владел несколькими европейскими языками, знал многих знаменитых людей своего времени: у Николая Щорса был адъютантом, у Анатолия Луначарского — литературным секретарем, дружил с Андреем Платоновым, Михаилом Зощенко, Александром Твардовским и... со мной.

Осенью 1960 года, когда моя повесть «Мы здесь живем» была принята к печати журналом «Новый мир», Игоря Александровича дали мне в редакторы, на чем мы с ним и сошлись. К моменту нашего знакомства он был уже совершенно сед (волосы густые, белые с желтизной) и беззуб. Что-то с ним случилось такое, что дантист предложил ему вытащить все зубы, и он согласился. Зубы удалялись четыре дня подряд (по нескольку штук за один раз). Жена Саца Раиса Исаевна выдавала мужу скромную сумму, чтобы после каждого удаления он мог ехать домой на такси. Он, прикрывая окровавленный рот рукой, добирался на общественном транспорте, а проездные деньги тратил на четвертинку. Выпить он любил, но подчеркивал, что он не алкоголик, а пьяница, потому что пьет только по вечерам и в компании. В описываемое время его вечерней компанией часто бывал я.

Меня удивляло, что любую пищу и даже хлебные корки он ухитряется пережевывать одними деснами. Но понимать смысл им произносимого было непросто. Из-за беззубости он шамкал, при этом говорил так тихо, что я не все слова разбирал, сколько ни напрягался, а кроме того, свою речь он часто прерывал долгим, громким, заливистым смехом и при этом заглядывал мне в глаза, принуждая и меня смеяться вместе с ним, что я и делал из вежливости и через силу. Поводом для смеха были остроумные, как ему казалось, цитаты, приводимые им в доказательство его мысли из любимых авторов: все тех же Щедрина, Зощенко и того же Ленина, который, по мнению Саца, тоже был очень большой сатирик.

В тот вечер мы на Ленина потом неизбежно соскочили, а сначала темой нашей было только что произошедшее событие: Твардовский прочел мой новый рассказ «Расстояние в полкилометра», пригласил меня к себе, очень хвалил, наговорил мне таких слов, какие, по уверению Саца, редко кому приходилось слышать.

10

Сац был этому тоже искренне рад. Он считал меня своим открытием. С этим справедливо не согласна была Анна Самойловна Берзер — она меня прочла и оценила первая. Но и Сац следом за ней отнесся ко мне хорошо. Мнение Твардовского подтверждало, что Игорь Александрович во мне не ошибся.

— Есть писательские способности двух категорий: от учителей, которые можно выработать, и от родителей, с которыми надо родиться. Ваши — от родителей, — говорил мне Сац и сам был высказанной мыслью доволен.

Конечно, я слушал это, развесив уши.

Он мне много рассказывал о Луначарском, который был, по его мнению, высокообразованным человеком и талантливым драматургом. Автором пьесы «Бархат и лохмотья» и героем эпиграммы, звучавшей так: «Нарком сшибает рублики, стреляя точно в цель. Лохмотья дарит публике, а бархат — Розенель». Был и анекдот о наркоме и двух его дамах — Сац (фамилия) и Рут (имя). Когда привратника спрашивали, где его хозяин, тот (по анекдоту, а может, так и было) отвечал: «Да бог их знает. Они то с Сац, то с Рут».

Луначарского Игорь Александрович почитал, но Ленин... Ленин...

А я как раз был под впечатлением от другой личности. Я только что прочел какое-то сочинение о бактериологе Владимире Хавкине. Он вырос в России, жил в Бомбее и там разработал вакцину против чумы и холеры. Я сказал Сацу:

— Что ваш Ленин по сравнению с Хавкиным, который спас миллионы людей от чумы?

— Как вы смеете так говорить! — закричал на меня Сац. — Сравнивать Ленина с каким-то Хавкиным просто смешно. Ленин спас от чумы все человечество.

— По-моему, наоборот, Ленин не спас человечество, а заразил чумой.

Так сказал я и на всякий случай отодвинулся, потому что Сац, когда у него не хватало аргументов, начинал ребром ладони сильно бить меня по колену, а я ему ввиду разницы в возрасте ответить тем же не мог.

В это время раздался звонок, и в нашей комнате в сопровождении Раисы Исаевны объявился поздний гость —

Александр
Трифонович
Твардовский,

о котором мы говорили вначале.

Он был уже сильно навеселе во всех смыслах, то есть и пьяноват, и весел. Где-то по дороге он прислонился к стене, правый рукав его ратинового пальто от локтя до плеча был в мелу. Снявши пальто и лохматую кепку, пригладив пятерней редкие седоватые волосы, он сказал:

— Налейте мне рюмку водки, а я вам за это кое-что почитаю.

Рюмка, естественно, была налита.

Поставив на колени толстый портфель, Твардовский достал из него оранжевую папку с надписью на ней тиснеными буквами «К докладу», развязал коричневые тесемки. Я увидел серую бумагу и плотную машинопись, без интервалов и почти без полей. А.Т. чуть-чуть отпил из рюмки, надел очки, осмотрел слушателей, и уже тут возникло предощущение чуда.

«В пять часов утра, — начал Твардовский негромко, со слабым белорусским акцентом, — как всегда, пробило подъем — молотком об рельс штабного барака. Прерывистый звон слабо прошел сквозь стекла, намерзшие в два пальца, и скоро затих: холодно было, и надзирателю неохота была долго рукой махать...»

Таких начал даже в большой литературе немного. Их волшебство в самой что ни на есть обыкновенности слов, в простоте, банальности описания, к таким я отношу, например, строки: «В холодный ноябрьский вечер Хаджи-Мурат въезжал в курившийся душистым кизячным дымом чеченский немирной аул Махкет». Или (другая поэтика) в чеховской «Скрипке Ротшильда»: «Городок был маленький, хуже деревни, и жили в нем почти одни только старики, которые умирали так редко, что даже досадно». Или вот в «Школе» Аркадия Гайдара (что бы ни говорили теперь, талантливый был писатель): «Городок наш Арзамас был тихий, весь в садах...»

Такие начала, как камертон, дающий сразу верную ноту. Они завораживают читателя, влекут и почти никогда не обманывают.

Твардовский читал, и чем дальше, тем яснее становилось, что произошло событие, которое многими уже предвкушалось: в нашу литературу явился большой, крупный, может быть, даже великий писатель.

Десятилетие
с середины
пятидесятых

до середины шестидесятых годов, названное впоследствии «оттепелью», было для литературы весьма урожайно. В поэзии и, с некоторым отставанием, в прозе одно за другим возникали новые имена молодых авторов, которые писали откровеннее и талантливее большинства своих предшественников советского времени. В «Юности», в «Новом мире», в альманахах «Литературная Москва», «Тарусские страницы» появлялись рассказы и повести дотоле неизвестных Юрия Казакова, Бориса Балтера, Василия Аксенова, Анатолия Гладилина, Георгия Владимова, Владимира Максимова, и что ни вещь, то сенсация и разговоры на каждом шагу: «Как? Неужели вы не читали «До свидания, мальчики»?» «А Юрий Домбровский вам не попадался? Вы должны это немедленно найти и прочесть». «Да что вы с вашим Семеновым? Вот Казаков! Это же чистый Бунин!» Толпа талантов высыпала на литературное поле, поражая воображение читающей публики. Таланты писали замечательно, но чего-то в их сочинениях все-таки не хватало. Один писал почти как Бунин, другой подражал Сэлинджеру, третий был ближе к Ремарку, четвертый работал «под Хемингуэя». Но было предощущение, что должен явиться кто-то, не похожий ни на кого, и затмить сразу всех.

И вот в «Новом мире», ведущем журнале своего времени, обнаружилась повесть под странным, подходящим больше подводной лодке названием «Щ-854» неизвестного автора с незатейливым псевдонимом «А. Рязанский» и трудно запоминаемой собственной фамилией. У меня потом вертелось в голове: Солнежицын или Соленжицын. Твардовский тоже запомнил не сразу и записал в дневнике: Солонжицын. (Двадцать лет спустя я встретил американца, который, хвастаясь своим упорством, сказал мне, что несколько лет потратил, но все-таки научился произносить правильно фамилию Солзеницкин.)

У Твардовского была не очень свойственная советскому литератору черта — он редко, но искренне и независтливо радовался открытым им новым талантам. Влюблялся в автора. Правда, любви его хватало ненадолго. Всех без исключения потом разлюблял. Солженицына тоже. Но в тот вечер он был счастлив, как молодой человек, и влюбившийся, и ответно любимый. Он даже особо не пил, а только пригубливал водку и читал. Читал, останавливался, какие-то куски перечитывал, отдельные выражения повторял. Часто смеялся удачному словцу или фразе. Делая передышку, чтоб слегка закусить, с особым удовольствием обращался к хозяйке: «А подайте-ка мне маслица-хуяслица». Это из повести — употребляемые персонажами выражения, с которыми потом сам же Твардовский боролся. Вообще, надо сказать, он часто боролся с тем, что ему больше всего нравилось. Виктор Некрасов рассказывал, как Твардовский, будучи большим любителем выпить, вычеркивал у него всякие упоминания об этом занятии или смягчал картину: бутылку водки заменял ста граммами, а сто граммов — кружкой пива. В случае с Солженицыным редакция потом настаивала, и автор сравнительно легко согласился заменить «х» на «ф», и стало маслице-фуяслице, фуимется-подымется, но слово «смехуечки» Солженицын долго отстаивал, утверждая, что оно приличное, литературное, образовано корнем «смех» и суффиксом «ечк». Название он тоже долго отстаивал, а потом уступил, и компромисс пошел делу на пользу — «Один день Ивана Денисовича» звучит гораздо лучше и привлекательнее, чем то, что было.

Другой вечер Твардовский, насколько мне известно, провел у литераторов Лили и Семена Лунгиных (их квартира была известным в литературной Москве салоном), у них он читал то же самое вслух, и именно там слушал его Некрасов (в своих воспоминаниях Вик-

17

тор Платонович ошибочно утверждает, что это было у Саца).

Сильно за полночь я отвез Твардовского на такси на Котельническую набережную. Пока ловили машину, он говорил мне (и потом многим другим), что повесть будет трудно напечатать, но зато, если удастся (а он на это надеялся, считая, что хороших вещей, которые нельзя напечатать, не бывает), потом все будет хорошо.

— Хотите прогноз? — сказал я. — Повесть вы напечатаете, но потом общая ситуация изменится к худшему.

Я никогда не выдавал себя за пророка и отвергал попытки (немалочисленные) моих почитателей приписать мне дар ясновидения (в других ясновидцев тоже не верю ни в одного, включая Иоанна Богослова и Нострадамуса, не говоря о ныне живущих). Но, наверное, я все-таки умел думать, видеть и понимать реальные тенденции и возможное направление их развития. Поэтому кое-что иногда предугадывал.

В описываемое время я видел, что события (как и раньше в российской истории) развиваются по законам маятника. Сталинский террор был одной стороной амплитуды, хрущевская оттепель приближалась к другой. Преемники Сталина, устав пребывать в постоянном страхе за собственную жизнь и видя все-таки, что страна гниет, согласились на ограниченную либерализацию режима, но вскоре заметили, что удержать ее в рамках трудно, она стремится к завоеванию все новых позиций и дошла уже до пределов, за которыми неизбежно изменение самой сути режима. А они в режиме жить боялись, а вне его не умели. Режим мог держаться на вере и страхе. Теперь не было ни веры, ни страха. Народ распустился. И в первую очередь писатели и художники, которые имеют обыкновение распускаться прежде других. Пишут и говорят что хотят. Уже критикуют не только Сталина, но и всю советскую систему. И Ленина. Пренебрегают методом соцреализма, свои какие-то «измы» придумывают. Надо, пока не поздно, дать по рукам. Для себя сталинские строгости отменить, для других вернуть в полной мере. Ропот партийных ортодоксов усиливался.

Со временем у нас появится много умников, которые с презрением будут относиться к «оттепели», не захотят отличать этот период от предыдущего. Но на самом деле это был колоссальный сдвиг в душах людей, похожий на тот, что произошел за сотню лет до того — после смерти Николая Первого. Может быть, если прибегать к аналогиям, во время «оттепели» людям ослабили путы на руках и ногах, но это ослабление было воспринято обществом эмоциональнее и отразилось на искусстве благотворнее, чем крушение советского режима в девяностых годах.

Литература «оттепельных» времен явила впечатляющие результаты, а полная свобода, пришедшая с крахом советского режима, по существу, не дала ничего, что бы явно бросалось в глаза.

Но я о маятнике.

В 1962 году он еще двигался в сторону либерализации, но очень было похоже, что скоро дойдет до предела, а пределом, возможно, и станет — если будет напечатано — антисталинское сочинение Солженицына.

Так и случилось. Публикация солженицынского сочинения произвела в обществе такой переполох, какого, может быть, никогда никакое литературное сочинение не вызывало. Скромная по размерам повесть (сам автор называл ее рассказом), напечатанная в 11-м номере «Нового мира» за 1962 год, задела за живое всех. Одни радовались ее появлению безоговорочно. Другие считали, что тема затронута важная, но действительность слишком уж неприглядная, герой неактивный, а язык грубый. Третьи просто негодовали. Возмущались повестью лагерные начальники, кагэбэшники, прокуроры, судьи, партийные работники и казенные писатели-сталинисты. Повесть подрывала основы системы, в которой, и только в ней, эти люди могли существовать, занимать посты и ощущать себя важными персонами. Воображая себя незаменимыми и необходимыми стране государственными деятелями и художниками, эти люди на самом деле понимали, чего они будут стоить, если партия откажется от руководства. Перепугавшись до смерти, стали стращать Хрущева. Говоря, что свобода художественного выражения, к которой якобы стремятся люди искусства, заводит их далеко, сначала они хотят отойти от метода социалистического реализма, а потом от социализма вообще. В пример часто приводились Польша и особенно Венгрия, где все началось с литературного кружка и стихов Петефи, а кончилось вешанием коммунистов на фонарях. В конце концов ортодоксы добились своего: Хрущева застращали, и он сначала устроил истерику на выставке в Манеже, где на «неформальных» художников топал ногами, обзывал их «пидарасами», угрожал выгнать за границу или загнать в лагеря. Потом серией пошли так называемые идеологические совещания в Кремле, ЦК и МК, где громили опять писателей, художников, кинорежиссера Марлена Хуциева за безобиднейший фильм «Застава Ильича» и отдельно Виктора Некрасова, оценившего этот фильм положительно.

Я был человек провинциальный,

молодой и непуганый. Хотя тоже подвергся уже проработке. Тогдашний главный партийный идеолог Леонид Ильичев обругал как политически вредный мой рассказ «Хочу быть честным» («Новый мир» №2, 1963). Его возмутила попытка автора изобразить дело так, будто в нашей стране (в нашей, а не в какой-нибудь «тамошней»!) честному человеку труднее жить, чем нечестному. Слова идеологических вождей советская пресса воспринимала, как обученные собаки команду «Фас!». По команде немедленно появились в центральных газетах гневные статьи, написанные якобы трудящимися: «Точка и кочка зрения», «Литератор с квачом», «Это фальшь!», так что надо мной тоже тучи сгущались, но меня это по неразумению особо не беспокоило. Наоборот, мне при моем неуважении к власти даже лестно было быть опальным. Хотя я не совсем понимал, что их так уж беспокоит в моих писаниях.

Приглашенный на совещание второго уровня (его вел секретарь МК Николай Егорычев), я пришел туда, сел рядом с Давидом Самойловым и Юрием Левитанским, стал что-то острить по поводу речи ведущего и помню, как оба поэта посмотрели на меня испуганно и недоуменно. Они-то, в отличие от меня, были битые или видели, как были биты другие, и помнили, что вологодский конвой шуток не понимает.

Короче говоря, повесть Солженицына стала не только литературным явлением, но политическим и историческим событием. Она вселила надежды в одних, страх в других, а страх бывает порой причиной смелых поступков, каким был заговор партийной верхушки против Хрущева. Кажется, в списке обвинений при свержении Хрущева в 1964 году публикация «Ивана Денисовича» не значилась, но у меня нет сомнений, что она была не последней причиной объединения заговорщиков.

Но я забежал
вперед.

А теперь — назад.

Я отвез Твардовского домой и по дороге просил его дать мне почитать рукопись этого Соло... как его? ... хотя бы на один день.

— Не на один день, а на два часа, — сказал Твардовский, — и не дома, а в редакции.

— Хорошо, — сказал я.

— Никуда не вынося и не делая никаких записей.

На то и другое я согласился охотно. Вынести рукопись для прочтения дома я был не прочь, а делать записи мне бы и в голову не пришло.

Я надеялся на том же такси добраться до дома, но водитель сказал, что его смена кончилась и он едет в парк. Пришлось мне ловить машину встречного направления, и я поймал другую, которая как раз шла из парка. С зеленым огоньком. Хотя в ней рядом с шофером уже сидел пассажир, крупного сложения мужчина в белом полушубке и в белой бараньей шапке. Я сел сзади, сказал шоферу, куда ехать, и только теперь он включил счетчик, предупредив, что довезет меня с небольшим крюком: «Вот только товарища до Земляного Вала подкинем».

После этого я сидел сзади, а они между собой разговаривали громко, и я понял, что товарищ — начальник колонны — возвращается с ночной смены домой. И все было бы ничего, но из этого же разговора я понял, что до работы в такси товарищ где-то на Урале служил в лагере каким-то начальником, был в связи с новыми веяниями и массовыми реабилитациями из МВД уволен и ему это очень не нравилось. Не нравилось, что теперь все говорят о каких-то репрессиях, все валят на Сталина и плетут о нем черт-те что, а он был мудрый политик и великий полководец, разгромил оппозицию и выиграл войну. С подчиненными бывал порой строговат, но зато в стране был порядок и поезда ходили по расписанию. При нем за прогулы сажали в тюрьму, а уволиться просто так было нельзя. А теперь здесь поработал, туда перешел, везде текучка и нехватка кадров, и даже в такси приходится брать кого попало. Молодежь безобразничает: у девок юбки короткие, у парней волосы длинные, а на прошлой неделе тестя умершего хотел сжечь в крематории, так там работает только одна печь и жгут только одних евреев.

Я таких разговоров слышал много, но сам в них, как правило, не встревал. А тут под впечатлением от только что услышанного шедевра и от разговора с Твардовским, я сильно вдруг разволновался и разозлился, постучал в спину водителю, как в дверь, и попросил его остановиться. А потом сказал сидевшему справа:

— А ты вылезай!

Тот удивился:

— Что?

— Вылезай! — повторил я. — Вылезай, сталинист, антисемит, вертухайская морда, давай вылезай!

— Да ты что? — растерялся шофер. — Ты что это говоришь? Это же мой начальник колонны.

— Ах, начальник колонны! Начальник, а пользуется казенным транспортом бесплатно. При Сталине тебе бы за это знаешь что было? Вылезай! — повторил я и толкнул его в спину.

Я в молодости способен был на сумасбродства, но, в общем, другого рода, а этот поступок удивил меня самого задним числом. Я удивился тому, во-первых, что ночью напал на двух мужиков, которые оба были здоровее меня и могли сделать из меня отбивную, и тому, во-вторых, что начальник колонны, побурчав что-то себе под нос, вдруг подчинился, вылез из машины и пошел вдаль, подняв воротник полушубка. А шофер по моему приказанию поехал дальше. При этом тоже что-то бурчал и поглядывал на меня через зеркало заднего вида. А я протрезвел и забеспокоился. Вдруг шофер заметит, что я не такой уж богатырь, и попробует помериться силами. На всякий случай, уподобившись чеховскому персонажу, я сказал ему, что я чемпион Европы по боксу и одним ударом убиваю быка. Его, как ни странно, это не испугало, а, наоборот, успокоило — раз чемпион, значит, наверное, не бандит.

— А как ваша фамилия? — спросил он почтительно.

— Соложенов, — сказал я, и он удовлетворился и даже сказал, что что-то слышал.

Когда он меня довез, счетчик показывал меньше двух рублей. У меня была десятка, а у шофера — только что из парка — не оказалось сдачи.

— Ну привезешь, когда накопишь, — сказал я.

И что ему стоило согласиться и уехать навсегда? Но он сказал, что приехать не сможет и, если нет выхода, готов считать, что довез меня бесплатно. Я, однако, на это не пошел, дал ему десятку без сдачи, заметив, что у меня сегодня особый радостный день.

В те годы я ложился очень поздно и вставал соответственно. А когда вышел в коридор, от соседей по коммуналке узнал, что рано утром какой-то таксист искал какого-то боксера, чтобы вернуть ему сдачу. Но, поскольку соседи никаких боксеров в нашей квартире не знали, шоферу пришлось уехать ни с чем.

Всю повесть «Щ-854» я прочел залпом,

получив ее в «Новом мире» из рук Анны Самойловны Берзер, которую я по дружбе называл Асей. Она уже давно (первая в «Новом мире») прочла повесть и передала Твардовскому, но ни одного из самых близких своих друзей не посвятила в редакционную тайну, пока ее не раскрыл сам шеф. Теперь она с удовольствием дала мне рукопись. Я заперся в одном из пустых кабинетов, прочел все залпом, пришел в еще больший восторг, чем накануне, и впервые от сочинения русской литературы моего времени. С того дня и почти на тринадцать лет Солженицын стал сильнейшим впечатлением моей жизни. И не только моей.

Первый раз я увидел его со спины.

Мне помнится, он был в дешевом костюме и, кажется, в парусиновой фуражке. Он входил в кабинет Твардовского вместе с Алексеем Кондратовичем, заместителем главного редактора. Оба двигались как-то медленно, мне даже показалось, что он шаркает ногами, а Кондратович его поддерживает, чтобы он не упал. Моя фантазия дорисовала образ прошедшего лагеря и прибитого ими немощного беззубого старика. Через некоторое время Кондратович вышел и стал с восторгом рассказывать: «Ничего не уступает. Название повести не хочет менять. С «фуимется» согласился, но «смехуечков» не отдает. Мы ему говорим, что тогда мы не сможем его напечатать, а он говорит: и не надо, я ждал признания тридцать лет и еще подожду».

В «Новом мире» упрямых авторов уважали.

Все были в восторге от того, как он пишет, как держится и что говорит. Говорит, например, что писатель должен жить скромно, одеваться просто, ездить в общем вагоне и покупать яйца обыкновенные по девяносто копеек, а не диетические по рублю тридцать. Я выслушивал это (в передаче Кондратовича) с почтением и молчаливым самоукором. Сам я уже разбаловался, к родителям предпочитал ездить в купейном вагоне, а яйца покупал какие попадались — разница в сорок копеек мне не казалась существенной (хотя еще недавно и самые дешевые яйца не всегда были мне по карману). Все доходившие до меня высказывания Солженицына я воспринимал как очень мудрые, но одно немного смутило. Ахматова, с которой А.И. тогда встретился, сказала ему как будто: «Вас ждет испытание большой славой, не знаю, вынесете ли вы его». На что он вроде бы ответил: «Я вынес и не такое». Мне этот ответ слишком умным не показался. Испытание лагерем так или иначе вынесли миллионы. А испытание славой, как я догадывался, было гораздо коварнее.

Между тем Твардовский в порядке «пробивания» «Ивана Денисовича» делал какие-то хитроумные тактические ходы, которые были возможны и даже казались нормальными только в такой системе, какой была советская. Он понимал, что просто напечатать повесть вряд ли удастся, это может произойти только с высочайшего соизволения, и искал случая передать рукопись не кому-нибудь, а лично, как принято было говорить, дорогому товарищу Хрущеву Никите Сергеевичу. И это было правильно. В советском государстве никто ниже самого главного начальника подобного разрешить не мог. Но еще не дойдя до заветной вершины, Твардовский предлагал «Ивана Денисовича» для ознакомления Маршаку, Чуковскому, Симонову, Эренбургу и другим тогдашним советским «классикам» в надежде, что их мнение будет положительным и для Хрущева авторитетным. Те с охотой письменно отзывались, их восхищенные рецензии складывались в стопочку и ожидали подходящей минуты. На все эти ходы и уловки у Твардовского ушло около года, но в конце концов все разрешилось наилучшим образом. Повесть Хрущеву была передана, прочитана им, одобрена, напечатана, распространилась по всей стране, переведена на все языки, слава на Солженицына обрушилась такая, что не снилась ни одному живому писателю в мире и в истории.

Есть люди, которых называют сырами.

Это болельщики, но не футбольные, а театральные. У каждого из знаменитых артистов, раньше особенно у оперных теноров, а теперь поп-певцов есть круг горячих поклонников и поклонниц, вот они и есть сыры (женщин называют сырихами). Сыры ходят за своими кумирами по пятам, часами ожидают их у подъездов, мокнут под дождем или мерзнут, чтобы только взглянуть на них хотя бы издалека, посещают все спектакли с их участием, забрасывают их заранее заготовленными букетами, швыряемыми порой с такой яростью, с какой бросают гранату. И кричат, визжат, вопят: «Браво!» Как бы кумир ни пел или ни играл — «браво» и только «браво». Они не всегда могут отличить хорошее от плохого, они приходят в восторг только от появления на сцене своего любимца, и каждое его движение или слово приводит их в такое волнение, как будто на их глазах творится неповторимое чудо. Я знал одну сыриху-лемешистку, то есть помешанную на оперном певце Лемешеве. Она жила в коммунальной квартире, работала инженером на заводе, получала скромную зарплату, вела аскетический образ жизни, ходила во всем штопаном и чиненом, но бывала на всех спектаклях с участием любимого тенора и всегда с цветами, которые стоили недешево. Где она брала на все это деньги, не знаю. Знаю только, что, если приходилось ей в день спектакля отсутствовать по каким-то причинам, она поручала кому-то из таких же сумасшедших купить букет и швырнуть под ноги кумиру. Она была миловидная женщина, но все ухаживания отвергала и замуж не вышла, хранила верность Ему, который вряд ли подозревал о ее существовании. Предметами культового обожания бывают артисты эстрады, театра и кино, но еще больше политические деятели. Одна женщина, вполне разумная и с чувством юмора, рассказывала мне, как в сороковом году, будучи молоденькой девушкой, шла в колонне демонстрантов по Красной площади, с восторгом смотрела на Сталина и думала: «Сказал бы он сейчас: умри за меня немедленно, немедленно бы и с радостью умерла».

Восторг в глазах с готовностью немедленно умереть за кумира я видел в кино или живьем, когда толпы приветствовали Гитлера, Сталина, Мао, Кастро, Ельцина. Немецкие сырихи кидались под машину Горбачева с таким же восторгом (и некоторые с воплем: «Хочу от него ребенка!»), с каким их бабуш-

33

ки — под автомобиль Гитлера. (Я, разумеется, не ставлю на одну доску Гитлера и Горбачева, ставлю фанатичек. Их вера может быть разной в разное время, но проявления всегда те же.)

Трудно сравнивать культ вождя, поддерживаемый государственной пропагандой, армией и карательными органами, с бескорыстным или почти бескорыстным культом писателя или артиста (часто не благодаря пропаганде, а вопреки), но в основе обоих лежит что-то общее. Общее состоит в романтическом преувеличении заслуг, душевных качеств, ума, способностей и деяний кумира и в непризнании или в недостаточном признании за собой не то что прав, а даже и свойств отдельной и суверенной личности.

В те годы Солженицын был идолом читающей публики. До некоторой степени и моим. Романтическим побуждениям я был очень не чужд, хотя сам в себе этого не любил и выдавливал из себя романтика по капле, как раба. Я был склонен к патетике, которая у меня часто прорывалась в устной речи, но мало встречается в письменной, откуда я ее старательно изгонял или подавал как достойные насмешки мысли и поступки персонажей. Но и признаки скептицизма присутствовали в способе моего осмысления мира, не давая мне впасть в какую-нибудь веру или ересь безоговорочно. В данном же случае соблазн сотворения кумира все-таки мной овладел.

Преклонение человека перед личностью, группой людей, учением, политическим устройством бывает столь активным, что превращается в род душевного заболевания, которое я в зависимости от предмета поклонения называю идолофренией, измофренией или в данном случае — солжефренией.

Мои встречи с Солженицыным

были случайными, мимолетными, но я их запомнил, вероятно, все. Первый раз не со спины я встретил его в коридоре того же «Нового мира». Я вошел с улицы и сразу же у дверей увидел Владимира Тендрякова, с которым дружил. Он разговаривал с кем-то, меня остановил, вот познакомься, я протянул руку и, еще не дотянув, понял: это и есть Солженицын. Он был простоват лицом, гладко брит и вовсе не немощен, как мне показалось вначале, а, наоборот, моложав, розовощек и, видимо, полон сил. Ногами не шаркал. И никак не походил на мрачного и согбенного зэка с разошедшейся уже фотографии с номерами на груди, на колене и на фуражке, похожей на те, что носят теперь русские генералы в Чечне. Он широко и радостно улыбался, обнажая красивые ровные зубы, и производил впечатление открытого, доступного для общения человека.

Потом я встречался с ним еще несколько раз в «Новом мире», дважды в Доме литераторов: на обсуждении «Ракового корпуса» и на вечере Константина Паустовского. Один раз вместе с Солженицыным и Твардовским я выступал в Доме учителя и помню, как было обставлено появление Александра Исаевича. Он был привезен и отправлен обратно на машине Твардовского (сам Твардовский добрался на такси). Приехал, сразу получил слово, сказал что-то значительное о миссии учителя и уехал. Все понимали, что человек серьезный, его время не то что наше, стоит дорого. А наше не стоит, в общем-то, ничего. Пока он был среди нас, мы все держались, как младшие по званию. Почтительно и напряженно. А Твардовский — как деревенский отец, воспитавший далеко пошедшего сына. Когда же Солженицын отъехал, все, вздохнувши, расслабились. Но его недавнее присутствие еще ощущалось. Я перед учителями выступал неуверенно, сомневаясь, стоят ли мои пустые слова с потугами на юмор чего-нибудь на фоне наставительной речи рязанского великана. На вопрос, над чем я работаю, я от волнения сказал: «Над романом «Один день Ивана Чонкина», хотя название еще не написанного романа было тогда «Жизнь солдата Ивана Чонкина».

Тот вечер мы закончили в ресторане «Ереван», где официанты, узнав Твардовского, сбивались с ног, чтоб ему угодить.

Никогда я всерьез с Солженицыным не общался, но иной раз на ходу словцом перемолвиться приходилось. Как-то он похвалил мою повесть «Два товарища» с оговоркой, что в ней — романтика тридцатых годов. Я отчасти согласился (хотя для меня лично это была романтика моей юности в пятидесятых годах) и был при этом удивлен и польщен (немного), что «сам» Солженицын утруждал себя чтением моего текста и, значит, потратил на него сколько-то своего драгоценного времени. Другой раз я в шутку предложил ему (наступали суровые времена) войти в якобы создаваемую мною из писателей бригаду строителей-шабашников, он выразил (тоже в шутку) готовность и сказал, что может в нашей бригаде работать паркетчиком. В третий раз он попросил у меня сигарету. Я удивился: «Неужели вы курите?» (Я думал — уважительно, — что ничто человеческое ему не свойственно.) Он улыбнулся смущенно и сказал: «Иногда, когда не работаю».

В четвертый раз я сморозил нечто такое, о чем потом долго не мог забыть. Дело было все в том же «Новом мире», вероятно, в начале 1970 года. Заглянув туда с какой-то попутной целью, а скорее всего без нее, я сидел в отделе прозы, общался с Асей Берзер и Инной Борисовой, когда зашел туда Солженицын, уже, перед Нобелевской премией, очень знаменитый, в заграничной вязаной кацавейке и с рыжеватой, только что им отращенной «шкиперской» бородой без усов (как мне потом подумалось, приспосабливал лицо к западным телеэкранам). «Ну и как?» — спросил он у дам, вертя головой, чтобы можно было рассмотреть обрамление со всех сторон. Дамы захлопотали, рассыпались в комплиментах: «Ах, Александр Исаевич, у вас такой мужественный вид!»

И тут черт меня дернул за язык. Моего мнения никто не спрашивал, а я возьми и скажи: «Александр Исаевич, не идет вам эта борода, вы в ней похожи на битника».

Он ничего не ответил, но так гневно сверкнул на меня глазами, что я подумал: этой фразы он никогда не забудет. Я, правда, не знал тогда, что этой бородой его очень корил Твардовский, подозревая, что она отращивается для маскировочной цели. Например, для такой. Солженицын даст всем возможность привыкнуть к новому облику, а потом неожиданно сбреет бороду и, никем не узнанный, убежит за границу.

Велика и своеобразна фантазия советского человека!

Слава Солженицына

с самого первого его появления росла ровно и круто. «Один день Ивана Денисовича» неуклонно наращивал тиражи: журнал, отдельная книга, роман-газета. А вскоре в «Новом мире» появились одно за другим «Матренин двор», «Случай на станции Кречетовка», «Захар Калита», «Для пользы дела».

Не успели мы это переварить, как подошли еще два романа (неизданных, но тут же распространившихся в самиздате): «В круге первом» и «Раковый корпус». За ними посыпались «крохотки». Мы все это немедленно заглатывали, и все, кого я знал, восхищались безграничным и безупречным талантом автора, охали и ахали, и я, захваченный общим восторгом, тоже охал и ахал.

Сразу же было приложено к нему звание (все слова с большой буквы) Великого Писателя Земли Русской. Некоторых и до него высоко ценили, но не настолько же. Про Некрасова, Домбровского, Казакова, Аксенова,

Владимова, Искандера или еще кого-то (иной раз и про меня) время от времени говорили «писатель номер один», но этот сразу поднялся над всеми первыми номерами и был единственным не таким, как все, и великим. Лев Толстой — меньшей фигуры для сравнения ему не находили и стали говорить, что все у нас в литературе и в общественной жизни переменилось, перевернулось, при таком матером человечище уже нельзя писать по-старому, да и жить, как раньше, нельзя.

Чем дальше, тем больше было о нем разговоров в кругах научной и художественной интеллигенции, да и не только в них.

Партийные идеологи забеспокоились и, как только избавились от Хрущева (1964), вступили в борьбу с Солженицыным. Смысл борьбы состоял не только в том, что власть боялась распространяемой писателем правды, а еще и в том (это было важнее), что в Советском государстве никто не должен был быть умнее ныне живущего генерального секретаря ЦК КПСС и иметь большее влияние на умы, чем сам генсек и основоположники марксизма-ленинизма. Это влияние партией устанавливалось, дозировалось, и при нарушении дозировки вожди КПСС начинали тревожиться. В собственных рядах слишком популярных (Троцкого, Бухарина, Кирова) при Сталине убивали, при Хрущеве и Брежневе отправляли куда-нибудь подальше послами. С непартийными авторитетами было сложнее, но и с ними справлялись.

И вдруг появился человек, который затмил Маркса-Энгельса-Ленина, Хрущева и Брежнева. К тому же он оказался (не сразу) как будто совсем неуправляемым. Все попытки справиться с ним проваливались, а ему были только на пользу. Советская власть объявила ему войну, и, казалось, у него нет никакого выхода, кроме полной и безоговорочной капитуляции. Но, ко всеобщему удивлению, он руки не поднял, на колени не встал, а принял бой, и, как выяснилось, вовсе не безнадежный.

Чем круче с ним боролись, тем больше он укреплялся, и мы, жители того времени, с удивлением наблюдали, как государство, которое еще недавно потопило в крови Венгерскую революцию, раздавило танками Пражскую весну, в стычке у острова Даманский проучило китайцев, с ним, одним-единственным человеком, ничего не может поделать.

Как было не восхититься таким могучим талантом, богатырем, отважным и непобедимым героем?

**Советскую власть образца 70-х годов
Андрей Амальрик сравнивал со слоном,**

который хотя и силен, но неповоротлив. Ему можно воткнуть шило в зад, а пока он будет поворачиваться, чтобы ответить, забежать сзади и воткнуть шило еще и еще. Так примерно поступал со слоном Солженицын.

Власти боролись с ним естественным для них способом, то есть наиболее глупым. Перестали печатать, прорабатывали на закрытых заседаниях, распространяли ложь и клевету и слухи, что он одновременно и еврей, и антисемит, проклинали в газетах от имени рабочих, колхозников, интеллигенции, всего народа и сделали все, чтобы он стал знаменит и поэтому неуязвим.

В 1969 году его исключили из Союза писателей. В подобной ситуации другие — Ахматова, Зощенко, Пастернак — умолкали, впадали в депрессию и во всех случаях были в проигрыше. А этот на удар отвечал ударом, давая понять, что ничего никому не спустит и готов на все. Литераторы, пугавшиеся до инфаркта малейшей критики на собрании или в газете, не веря своим глазам, читали и восхищенно повторяли спокойное обещание великого коллеги, что свою писательскую задачу он выполнит при всех обстоятельствах, «а из могилы — еще успешнее и неоспоримее, чем живой». Потом он пошел еще дальше, сказав, что за правду не только свою жизнь отдаст, но и детей малых не пожалеет.

Некоторых людей его готовность к подобным крайностям даже шокировала, но других привела в неописуемый восторг. Его слова передавались из уст в уста: иностранные журналисты разносили их по всему миру.

В те времена, какую западную станцию ни поймаешь, главной новостью был Солженицын.

Портреты его

в начале семидесятых годов украшали квартиры многих московских интеллигентов, потеснив или вовсе вытеснив прежних кумиров: Маяковского, Пастернака, Ахматову и Хемингуэя. Солженицын был очень опальный, поэтому каждый держатель портрета не только выражал свое восхищение им, но и сам как бы демонстрировал приобщение к подвигу. Наиболее отчаянные поклонники помещали его изображения за стеклами книжных полок или вешали на стену на видное место. Почитатели поскромнее и поосторожнее ставили на письменные столы перед собой маленькие в стеклянных рамочках фотоснимки — и вкуса больше, и убрать в случае чего легче.

Я портретов его не держал, рукописей не перепечатывал, но распространял его сочинения активно среди московских знакомых и возил своим родственникам в провинцию.

Еще во время дела Синявского и Даниэля

я заметил, что советская власть в поисках поддержки ее действий против неугодной ей личности согласна на малое. Скажите про опального человека что-нибудь плохое, что вы о нем знаете или думаете, что он антисоветчик, ненавидит все советское, еще лучше — все русское, а еще лучше — самое обидное, — что пишет плохо. Говорите так где-нибудь, хоть на чьей-нибудь кухне, шепотом, и это будет до нужных ушей донесено, замечено и отмечено. Если вы жертву режима осуждаете, хотя бы морально, за какие-то проступки или недостатки характера, то тем самым уже, хотя бы частично, признаете и уголовные обвинения против него. Обороняясь от соблазна согласиться с властью, пусть даже в мелочах, я давил в себе все сомнения, которые все-таки во мне возникали.

В то время, когда травили Солженицына, я и сам был в числе гонимых. Меня преследовали не так шумно, но вполне зловеще. Втихомолку расправиться с человеком всегда легче, чем на глазах, тем более на глазах всего мира. Василий Гроссман про себя говорил, что его задушили в подворотне. Угроза быть задушенным в подворотне (может быть, даже буквально) висела и надо мной. В 1968 году я получил в Союзе писателей первый строгий выговор с предупреждением, в 1970-м — второй с последним предупреждением. Мои книги были запрещены. Обвинения, против меня выдвигавшиеся, по тогдашним меркам и при моей еще малой известности вполне «тянули» на большой лагерный срок. И именно в этот период я неоднократно и резко выступал в защиту Солженицына, пользовался любым случаем, чтобы сказать публично, что он великий писатель, великий гражданин, и только это и, разумеется, без намека на критику. При этом сомнения мои накапливались, а после прочтения «Архипелага ГУЛАГ» умножились и окрепли, но, правда, тоже не сразу. Потому что как раз в это время над автором разразилась гроза.

В сентябре 1973 года кагэбэшники в Ленинграде схватили одну из добровольных помощниц Солженицына — Елизавету Воронянскую, заставили выдать хранившуюся у нее рукопись «Архипелага ГУЛАГ», после чего Воронянская тут же повесилась. Рукопись была конфискована. Солженицын сделал заявление иностранным корреспондентам, начался опять шум на весь мир, скандал, который власти, не соображая, что творят, раздували чем дальше, тем больше. 13 февраля 1974 года на пике скандала Солженицын был арестован. Как раз в это время пришла мне повестка на мое исключение из Союза писателей, которое должно было состояться ровно неделей позже (20 февраля). В числе наиболее тяжких вин перед народом значились публикация «Чонкина» за границей, мои сатирические письма, выступления в защиту разных людей, и особенно — в защиту «литературного власовца» Солженицына. Мне самому грозила судьба невеселая. Но арест Солженицына настолько меня возмутил и взволновал, что переживания по поводу собственных дел у меня отошли на второй план. Я включал радио, перескакивал с волны на волну и испытывал тревогу, как при начале войны. Я не сомневался, что арест Солженицына — это только начало, дальше они с ним сделают что-то ужасное. Может быть, даже убьют. А затем повторится у нас в полном объеме 37-й год.

Это было не только мое ощущение. Мир захлебывался от негодования. В эфире на всех языках бесконечно повторялось одно имя: Солженицын, Солженицын, Солженицын... В Европе готовились массовые демонстрации и митинги у советских посольств. Советских представителей забрасывали гнилыми помидорами и тухлыми яйцами. Раздавались призывы жителей западных стран к своим правительствам порвать все отношения с Советским Союзом. И вдруг — неожиданный потрясающий поворот сюжета. Примерно как в фильме Спилберга «Список Шиндлера», когда в бане лагеря уничтожения евреев из душевых леек на голых людей вытекли не клубы смертоносного газа, а струи теплой воды. Продержав в Лефортове одну ночь, арестанта, живого, здорового, в казенной пыжиковой шапке, доставили на Запад прямо под ослепительный свет юпитеров. Некоторые потом завистливо иронизировали, что высылка Солженицына была гениально разработанной пиаровской акцией. Но она не была, а оказалась, из иронистов мало кто ре-

47

шился бы на подобный «пиар» без гарантированного хеппи-энда.

Солженицын всерьез шел на смерть, и (теперь можно и пошутить) не его вина, что его не убили. Но небывалый шум вокруг его имени отвлек внимание от других, не столь громких имен, чем гэбисты вряд ли упустили возможность воспользоваться. Я говорю не о себе, а о тех, кто был в гораздо худшем, чем я, положении. Солженицына за то, что он написал, выслали на Запад, а людям неизвестным только за чтение его книг давали тюремные сроки. Я был более защищен, чем эти люди, но мне мои преследователи говорили, что я не Солженицын и напрасно надеюсь, что со мной будут «чикаться» так же. Я не надеялся, и меня ровно через неделю исключили из Союза писателей и дальше семь лет пытались расправиться со мной «по-тихому». Поняли наконец, что шумная травля привлекает к жертве большое внимание и делает ее до некоторых пределов менее уязвимой.

По силе воздействия на умы «Архипелаг ГУЛАГ»

стал в один ряд с речью Хрущева на XX съезде КПСС. Что бы ни говорили о художественных достоинствах «Архипелага», сила его не в них, а в приводимых фактах. И в страсти, с которой книга написана. Говорят, что в литературе иногда страсть может стать подменой таланта и даже казаться им. Сочинения

Солженицына можно очень условно разбить на три категории: 1) много таланта, а страсть в подтексте; 2) страсти больше, чем таланта; и 3) ни того, ни другого не видно.

«Архипелаг ГУЛАГ» — книга страстная, появилась в такой момент и в таких обстоятельствах, когда миллионы людей оказались готовы ее прочесть, принять и поверить в то, что в ней говорилось. Бернарду Шоу врач-окулист однажды сказал, что у него нормальное зрение. «Такое же, как у большинства?» — спросил Шоу. «Нет, — сказал врач, — не такое. Нормальное зрение у людей встречается очень редко». И это правда. Большинство советских граждан, существуя в кошмарном тоталитарном террористическом государстве, были уверены, что живут в самой счастливой и свободной стране, «где так вольно дышит человек». Для того чтобы избавиться от своих иллюзий, им нужен был кто-то, кто бы (сначала Хрущев, а потом Солженицын) открыл им глаза на то, чего они сами не видели.

Эта книга перевернула сознание многих.

Но не всех. Мое сознание осталось не перевернутым. Сначала я был взволнован мировым шумом и угрозой, нависшей над автором, но угроза прошла и шум утих, и я стал думать: а что нового для меня в этом сочинении? Художественных открытий, о которых говорили на каждом шагу, я в нем не нашел. Судьбы разных людей описаны неплохо, но главное, что в них впечатляет, — сами судьбы, а не сила изображения.

Что еще?

В террористической сущности советского режима я давно не сомневался, знал, что злодеяния его неслыханны, читал рассказы Шаламова, мемуары Евгении Гинзбург и другие свидетельства, но и до того кое-что видел своими глазами. Мне было 4 года, когда посадили отца. В 11 лет я работал рядом с заключенными на полях совхоза Ермаково под Вологдой. В 17 в Запорожье — плотником на стройке, наравне с заключенными: каменщиками, подсобными рабочими, бригадирами.

С некоторыми из них, сидевшими по 58-й статье (56-й украинского кодекса), я тесно общался и не имел причин сомневаться в том, что они сидят ни за что. Даже о бандеровцах и власовцах я кое-что уже знал из личного общения с заключенными, а книгу Казанцева о власовцах «Третья сила» прочел раньше «Архипелага».

Конкретные человеческие истории в «Архипелаге» мне были интересны, но после всего виденного и слышанного не потрясали. А что касается страшной статистики, то в цифры — сколько именно миллионов людей было режимом угроблено или прошло через лагеря — я готов был поверить любые. Тем более что, по моему мнению, жертвами режима, физическими или психическими, были все сотни миллионов советских людей. Поголовно. И те, кто этот режим основал, и те, кто сидел в лагерях, и кто сажал, и кто охранял, и кто сопротивлялся, и кто помалкивал. Безумные старухи, что до сих пор выходят на улицы с портретами Сталина, они тоже жертвы режима.

Как сказано у Пастернака:

> Наверно, вы не дрогнете,
> Сметая человека.
> Что ж, мученики догмата,
> Вы тоже — жертвы века.

«Архипелаг ГУЛАГ» сознания моего не перевернул, но на мнение об авторе повлиял. Оно стало не лучше, а хуже.

Я ведь до сих пор держал его почти за образец. Пишет замечательно, в поведении отважен, в суждениях независим, перед начальством не гнется и перед опасностью не сгибается, всегда готов к самопожертвованию.

Сравнивая себя с ним, я думал с горечью: «Нет, я так не умею, я на это не способен». Я сам себя уличал в робости, малодушии и слабоволии, в стремлении уклониться от неприятностей и в том, что свою неготовность пойти и погибнуть за что-нибудь пытался оправдать семьей, детьми, желанием написать задуманное и — самое позорное — желанием еще просто пожить.

Я смотрел на него, задравши голову и прижмуриваясь, чтоб не ослепнуть.

Но вот он стал снижаться кругами и вопреки законам оптики становился не больше, а меньше.

Меня не столько то смутило, что он под псевдонимом Ветров

подписал в лагере обязательство сотрудничать с «органами», сколько возникшее при чтении этого эпизода в «Архипелаге» чувство, что признание выдается за чистосердечное, но сделано как хитроумный опережающий шаг. Воспоминатель поспешил обнародовать этот случай, не дожидаясь, пока за него это сделают его гэбэшные оппоненты.

Сам факт меня не смутил бы, если бы речь шла о ком-то другом.

Я обычно не осмеливаюсь судить людей за слабости, проявленные в обстоятельствах, в которых мне самому быть не пришлось. Тем более я не поставил бы лыко в строку тому, кто обязательство подписал, но от исполнения уклонился и сам поступок свой осудил. Любого в такой ситуации корить было б не хорошо. Но в данном случае речь ведь идет о человеке, который претендует на исключительную роль непогрешимого морального авторитета и безусловного духовного лидера. Он с особой настойчивостью и страстью попрекает нас в конформизме, обвиняет во всех наших слабостях и грехах, видя себя самого стоящим на недоступной нам высоте.

А оказывается, на доступной высоте он стоит. Но претендует на большее.

Он от исполнения обязательства уклонился, а в то, что так же могли уклониться другие, не верит. Почему же? Насколько нам известно (и сам он о том свидетельствует), даже и в тех крайних обстоятельствах жизни были люди, которые на подобные компромиссы не шли вообще.

Я продолжил чтение и, чем дальше, тем чаще морщился.

Арестованный в конце войны офицер Солженицын заставил пленного немца (среди бесправных бесправнейшего) нести свой чемодан. Много лет спустя он вспомнил об этом, написал и покаялся. Но меня удивило: как же не устыдился тогда, немедленно, глядя, как несчастный немец тащит через силу его груз? И если в других случаях я думал, что так, как он, поступить не мог бы, то здесь сам для себя отметил, что так — никогда не хотел бы. А когда он предположил, что, сложись его судьба иначе, он и сам мог бы надеть на себя кагэбэшную форму, я и тут знал, что это не про меня.

Мне не по душе было его злорадство при воображении о залезающем под нары наркоме Крыленко (хотя, наверное, был злодей) и тем более не понравилась ненависть автора к так называемым малолеткам. Я сам этих «малолеток» достаточно навидался и бывал ими сильно обижаем, когда (сам малолетка) учился в ремесленном училище. Дети, пережившие войну, детдомовцы, не знавшие родительской ласки, встретившие на своем пути много злых людей, они и сами озверели, стали дерзкими, изощренно жестокими, без малейших склонностей к исправлению. Но взрослому человеку, писателю и предположительно гуманисту, а тем более религиозному, стоило бы этих безнадежных выродков, души их пропащие пожалеть. Они были наиболее несчастными жертвами разоблачаемого Солженицыным режима.

Дошел я до описания строительства заключенными Беломорканала и споткнулся на том месте, где автор предлагает выложить вдоль берегов канала, чтоб всегда люди помнили, фамилии лагерных начальников: Фирин, Берман, Френкель, Коган, Раппопорт и Жук. Во времена борьбы с «космополитизмом» советские газеты так выстраивали в ряд еврейские фамилии врачей-убийц или еще каких-нибудь злодеев этого племени. Но неужели среди начальников Беломора вообще не было русских, татар, якутов или кого еще? А если и не было, то надо ж понимать, что эти шестеро, как бы ни зверствовали, были всего лишь усердными исполнителями высшей воли. Истинным вдохновителем и прорабом этого строительства был как раз тот, чьим именем канал по справедливости и назван — Иосиф Сталин.

Сначала я попробовал допустить, что список составлен случайно. Писатель привержен правде, и ему все равно — какие фамилии были, те и поставил. А может, он просто не различает и различать не хочет, какие фамилии еврейские, какие нет, может, он выше этого? Но по другим текстам (например, о крестном ходе в Переделкине) видел я, что отличает он евреев от всех других и по фамилиям, и по лицам. А если так, то после Освенцима и Треблинки, после дела врачей-убийц и травли «безродных космополитов» для большого русского писателя, знающего, где он живет и с кем имеет дело, приводить такой список без всяких комментариев не странно ли? Если не понимает, что пишет, значит, не очень умен, а если понимает, значит, другое...

У меня к антисемитизму с детства стойкое отвращение, привитое мне не еврейской мамой, а русской тетей Аней. Которая (я уже об этом писал) утверждала, что от антисемитов в буквальном смысле воняет. До поры до времени я при моем почтительном отношении к Солженицыну не мог заподозрить его в этой гадости. Ироническое отношение автора к персонажам вроде Цезаря Марковича («Один день Ивана Денисовича») или Рубину («В круге первом») меня не смущало. Я, естественно, никогда не думал, что евреев надо описывать как-то особенно положительно, и сам изображал смешными и мелкими своих персонажей Рахлина, Зильберовича и кое-кого еще, но тут — да, завоняло. Тут пахнуло и где-то еще — и поглощение всего продукта в целом стало для меня малоаппетитным занятием. Чтение мне только то интересно, за которым я вижу, безусловно, умного и близкого мне по духу собеседника. Здесь рассказчик большого ума не выказал, душевной близости я в нем не обнаружил, и мнение мое об «Архипелаге» оказалось, как теперь принято говорить, неоднозначным.

Примечание
по ходу дела.

Я всю эту работу написал вчерне до выхода в свет солженицынского сочинения «Двести лет вместе» о сосуществовании в России русских и евреев. В книгу эту я заглянул, отношения своего к автору не изменил, но спорить по данному тексту не буду. Мне достаточно прежних его высказываний.

Часто в своих сочинениях, особенно в недавно мною прочитанных записках «Угодило зернышко промеж двух жерновов», Солженицын с негодованием отвергает обвинения его в антисемитизме как нечестные и низкие. Он считает проявлением антисемитизма возводимую на евреев напраслину, но не объективное мнение о них (а его мнение, разумеется, всегда объективно). Тем более что за многими евреями не отрицает благих побуждений. Феликса Светова похвалил за то, что тот от имени евреев (а кто ему это доверил?) покаялся перед русскими и счел, что ручеек еврейской крови (не постыдился такое написать) ничто перед морем русской. Удивился благородству Ефима Эткинда и Давида Прицкера: они, два еврея, ему, русскому писателю, помогли ознакомиться с какими-то нужными материалами. Это прямо по анекдоту про доброго Ленина, который, имея в руках бритву, не сделал проходившему мимо мальчику ничего плохого, «а мог бы и полоснуть». Даже в голову писателю не пришло, что эти «два еврея» считают себя русскими интеллигентами и литераторами и, способствуя ему в чем-то, не думали, что помогают чужому, и вовсе представить себе не могли, что заслужили особую благодарность как хорошие евреи.

Где Солженицын ни тронет «еврейскую тему», там очевидны старания провести межу между евреями и русскими, между евреями и собой. В упомянутом выше очерке о крестном ходе в Переделкине автор замечает в толпе разнузданной русской молодежи несколько «мягких еврейских лиц» и делится соображением, что «евреев мы бесперечь ругаем», а, мол, и молодые русские тоже ничуть не лучше. Сидя в Вермонте и читая русские эмигрантские газеты, где работают евреи (а в каких русских газетах они не работают?), он называет эти издания «их газеты на русском языке». И это все тем более странно, что так или иначе всю жизнь ведь был окружен людьми этой национальности, чистыми или смешанными (да и жена, а значит, и дети его собственные не без примеси, а по израильским законам и вовсе евреи). Даже те из близких к нему евреев, кого я лично знаю, настолько люди разные, что я затруднился бы объединить их по каким-то общим признакам, не считая графы в советском паспорте.

Расизм, антисемитизм, ксенофобия необязательно должны быть осознаваемы самими расистами, антисемитами и ксенофобами и необязательно проявляются в категориях очевидной враждебности. Давно отмечен и высмеян сатириками характерный признак расиста или антисемита: у него есть друг негр или еврей. Не знаю, как насчет негров, а с некоторыми евреями Солженицын (выше сказано) дружбу водит. Но среди особо ценимых им друзей, кому он посвятил самые высокие комплименты, — Игорь Шафаревич. Не просто антисемит, а злобный, таких называют зоологическими. Владимир Солоухин в книге, написанной перед смертью, сожалел, что Гитлеру не удалось окончательно решить еврейский вопрос. Александр Исаевич уважал Солоухина и почтил приходом на его похороны (Булата Окуджаву той же чести не удостоил). Отмеченный Солженицыным весьма положительно, Василий Белов евреев тоже сильно не любит. Сочинил притчу о лжемуравьях (читай: евреях), которые под видом своих влезают в муравейники и, пользуясь доверчивостью истинных муравьев (русских), постепенно пожирают муравьиные личинки, а свои псевдомуравьиные (еврейские) подкладывают, и в результате, понятно, истинные муравьи вымирают, а ложные (только неизвестно, кем они после питаться будут) остаются.

Еще и потому Александр Исаевич не считает себя антисемитом, что требования и к русским, и к евреям предъявляет почти равные. Почти!

Вину разных наций друг перед другом Солженицын делит не поровну, и одним прощает больше, чем другим, а другим приписывает больше, чем они заслужили. Русские в целом получше других (ненамного), но никого так не обижают, как их. Говорят, что все национальности — существительные (немец, еврей, украинец), а русский — прилагательное. В «Плюралистах» ужасно обиделся на это наблюдение, неизвестно кем сделанное, и спрашивал язвительно: «А как же прилагательные Синявский и Пинский?» Особую обиду нанесли русскому народу «образованцы» тем, что собак кличут русскими именами — Фомами, Тимофеями и Потапами (а Джимами, Джеками, Майклами можно?). Неужели великий русский писатель не знает, что в России испокон веков котов звали Васьками, коз — Машками, а свиней — Борьками? Кто-то где-то выдумал, будто американцы изобрели бомбу, способную уничтожать выборочно русских. Бросят бомбу на Москву, она этнических русских поубивает, а остальных пощадит. Наш мыслитель и этой чуши верит, возмущается до глубины души русофобством изобретателей, а от колкостей соотечественников отбивается ссылкой на первоисточник этой глупости.

Защищая русских, постоянно оскорбляет всех остальных и сам этого не сознает. Какую национальность ни помянет — украинцев, казахов, татар, чеченцев, — обязательно скажет о ней что-то обидное. Выделяя, кажется, только эстонцев и литовцев — эти у него почему-то хорошие. Отвергая обвинения в недоброжелательстве к другим народам, вспомнил и поставил себе в заслугу, что в «Раковом корпусе» с сочувствием описал страдания умирающего татарина. Но, описывая, помнил, что это именно татарин, а не просто умирающий от рака человек.

Подчеркивая постоянно свою русскость и свою заботу только о русских, он уже одним этим разжаловал себя из мировых писателей в провинциальные. Мировой писатель, естественно, привязан к своей культуре и к своему языку, к своей стране и народу, но все люди для него — люди, страдают они все одинаково, и качество крови зависит не от национальности, а от группы, резус-фактора, количества тромбоцитов, эритроцитов, сахара, холестерина и прочих составляющих.

Он был уже на Западе, а я еще в Москве,

но по возможности внимательно следил за всем, что он писал, делал и говорил. Несмотря на мои сомнения и разочарования, я в целом все еще очень серьезно относился к нему. Огорчился, услышав по радио, что у него депрессия. Удивился ответному его утверждению, что у людей, прошедших советские лагеря, депрессий не бывает. «Что за чушь?» — подумал я про себя. Бывает и еще как! У прошедших через войну, через лагерь и что угодно бывает депрессия. Бывает, что человек, проведя в лагере два десятка лет, не выдерживает испытания свободой, впадает в депрессию вплоть до наложения на себя рук.

Через почти семь лет
после Солженицына

и мне выпала судьба оказаться на Западе. К тому времени подоспели уже очередные «узлы». Я попробовал почитать — не пошло́. Скучно! Громоздкий текст с языком, местами вычурным, а местами просто невыразительным, с петитными многословными вставками и выпадающим из стиля неуклюже-модернистским приемом переноса действия на воображаемый экран. «Голос Америки» изо дня в день передавал главы в авторском исполнении. Я перестал слушать «Голос Америки». Разумеется, какие-то солженицынские поклонники встретили его «повествование в отмеренных сроках» с восторгом, но в целом эмигрантская пресса растерянно молчала. Сказать, что это хорошо, было по совести невозможно, а сказать, что плохо, долго никто, включая меня, не решался.

Не оценив границ своего влияния на умы,

Солженицын свою жизнь на Западе начал с разоблачения Запада, укоряя его в том, что он слаб, безволен, не готов отстаивать свою свободу. Говорил уверенно, по собственному выражению, *громогласил*. И явившись людям в ореоле не бывавшей доныне ослепительной славы, рассчитывал, очевидно, что все его мысли будут восприняты как безусловно истинные и обязательные к исполнению. На соображение его критиков-плюралистов, что «никто не владеет истиной, да и быть ее в природе не может», он возразил: «Убежденность человека, что он нашел правоту, — нормальное человеческое состояние... Сознание, что жизнью своей служишь воле Бога, — здоровое сознание всякого человека, понимающего Бога простым, отнюдь не гордостным сердцем». Не знаю, как насчет сердца, но «гордостным» и чуждым логике сознанием рождена эта мысль. Если право только самого себя на истину признано, всем остальным остается что? — соглашаться и вообще не иметь своего мнения? Но если всякий может быть убежден, что нашел правоту, то всякость эта и есть плюрализм, столь гневно им отрицаемый.

Все подвергать сомнению предлагал нам один умный человек, и «я знаю, что я ничего не знаю», говорил другой. И вдруг у нас появился знающий, что он все знает.

Если бы мне такие условия, как у Тургенева,

вроде бы сказал однажды Достоевский, я бы писал не хуже.

Нашему герою после всех мытарств, но еще в расцвете сил выпала удача создать себе условия, почти как у Тургенева. В Вермонте обрел он все, что нужно для плодотворной работы: комфорт, уединение, возможность трудиться «в глубокой тишине, о которой истерзанно мечтал всю советскую жизнь», не прятать рукописи, не думать о быте. «Но еще и укрепил меня Господь тем, что, живя на Западе, я мог быть независим от изводящего и унизительного кружения в чужеземной среде: мне не надо было искать средств на жизнь». Казалось бы, все хорошо, есть чему позавидовать: успокойся, радуйся, живи и пиши. Он и живет, и радуется, и пишет, и нам сообщает, что живет хорошо и пишет прекрасно.

«Оглядываясь назад, не могу не признать минувшие шесть лет самыми счастливыми в моей жизни». Спохватился, правда, что, может быть, ему (ему больше, чем другим) не к лицу безоглядно наслаждаться личным счастьем, когда страдает Россия. Внес оговорку: «И безвозвратно уходило время только в том, что безвозвратно изнурялась моя родина». Чувство, очевидно, неискреннее, потому и выражено неуклюже. Как может родина безвозвратно изнуряться, а время уходить только в том, что? Но так или иначе, отметился на ходу в неизбывном своем патриотизме и торопливо поехал дальше удивляться, как он хорош собой.

Трудится, не покладая рук, но при этом сам за собой наблюдает со стороны, сам собой восхищается и сам себе ставит высшие баллы по успеваемости и поведению.

Работает по восемнадцать часов в день. А кроме того (если помимо работы, то и в 24 часа не уложимся), занятия с детьми — математика, физика, астрономия — и физические упражнения, и теннис, и ныряние с головою в пруд. Живет затворником, не подходит к телефону, не ездит на собственные премьеры, не участвует в конференциях, «в разных сходках и встречах». «Говорят, тут, в Вермонте и рядом, умные так и делают — Роберт Пенн Уоррен, Сэлинджер».

Ему, умному среди умных, «дико, как бесплодно кружатся там в нью-йоркском или парижском смерче».

Еще и за то себе поставил пять с плюсом, что — «А так — западная жизнь протекала в стороне от меня, не задевая рабочего ритма». Настолько не задевая, что, по свидетельству его ближайшего единомышленника Никиты Струве: «Он жил в Америке как бы не в Америке, он ее не знал. Он жил в лесу, американцев не встречал. Чаще встречал койотов, чем американцев».

Про встречи с этими животными Солженицын и сам пишет: «Но кого я ласково люблю — это койотов: зимой они часто бродят по нашему участку, подходят и к самому дому и издают свой несравнимый сложный зов: изобразить его не берусь, а — очень люблю».

А говорят еще про меня, что я клеветник!

Лидия Корнеевна Чуковская (о ней ниже) гневно меня обличала, что у меня Сим Симыч Карнавалов вечерами слушает (а бессовестный автор над этим смеется) Баха — «Хорошо темперированный клавир»...

«А сам по себе — я будто не испытываю хода времени:

вот уже третью тысячу дней по единому распорядку, всегда в глубокой тишине...Без телефона в рабочем доме, без телевизора, всегда в чистом воздухе, на здоровой пище американской провинции, ни разу не обратясь по-серьезному к врачам, я и сегодня как будто не старше тех 57 лет, с которыми сюда приехал, а то и куда моложе. И скорее чувствую себя ровесником не своим сверстникам, а 40 — 45-летним — жене своей (а жена, стало быть — хороший ей комплимент, — в своем возрасте пребывает. — **В.В.**), как будто с ними весь будущий путь до конца. Ну только, может быть, не бывает лавинных дней, когда вдохновение сшибает с ног, только успевай записывать картины, фразы, идеи. Но даже то молодое чувство испытываю к 64 годам, что еще не окончен мой рост ни в искусстве, ни в мысли».

Характерное для автора отсутствие логики. Если вдохновение не «сшибает с ног», то какой же рост в искусстве?

Но автор никакого противоречия в собственных словах не замечает.

Большое счастье так беззаветно любить самого себя,

думал я, читая «Зернышко». Объект любви не отделен от влюбленного. Всегда можно посмотреть в зеркало и увидеть дорогие черты, которые редко кому доступны. В любой момент самого себя лицезреть. «Свет мой зеркальце, скажи и всю правду доложи, я ль на свете всех милее, всех румяней и белее?»

Здесь надо заметить, что очень неосмотрительно хвастаться богатырским здоровьем. Долго ли сглазить? Что, очевидно, тут же произошло. Уже в следующей части «Зернышка» о том же самом времени сказано, что именно к 64 годам, а не позже, стал автор «на лестнице что-то задыхаться, сжимает грудь. Сперва и значения не придавал, потом оказалось — это стенокардия. Да еще ж и кровяное давление всегда повышенное. Вот уже и с головой нырять в глубину стало как-то негоже, прекратил».

Недугам любого человека можно только посочувствовать. Мне самому в 55 лет так сжало грудь, что пришлось немедленно ложиться на операцию. Все смертные стареют, болеют до тех пор, пока не умрут. Но на фоне рассказа о тревожащих автора недомоганиях не неуместно ли выглядит прямо перед тем высказанное полное довольство собой: какой он молодец, талантище и здоровяк?

Смирение незнакомо нашему герою, а оно как бы его украсило! Тем более при постоянном подчеркивании своей религиозности.

Выборочные признания

о давних поступках (проступках) ставит себе в заслугу. Покается, но тут же отметит (боясь, что другие упустят из виду): вот какой я хороший, я каюсь, а вы? Но покаянные слова его относятся к чему-то, что было тому назад лет с полсотни, а поближе к нашему времени лишь полное удовольствие от своих мыслей, слов и действий. Ни разу не спохватился и не сконфузился, что не то подумал, сказал, сделал, кого-нибудь зря обидел или подвел. И, между прочим, необязательно каяться публично и бить себя кулаком в грудь. Можно устыдиться чего-то, оставить это в себе, но для себя сделать из этого вывод.

А о качестве своих текстов когда-нибудь подумал критически?

Всякое искусство отличается от большинства других занятий именно тем, что творец его обязан быть своим самым придирчивым критиком и оценивать себя трезво. Когда-то можно и восхититься только что сотворенным («Ай да Пушкин!»), и облиться слезами над собственным вымыслом, и хохотать над ним же безудержно, как это бывало с Гоголем или Зощенко. Но случаются ведь моменты (как же без них?), когда художник ощущает, что «средь детей ничтожных света, быть может, всех ничтожней он», когда сомневается в себе и даже впадает в отчаяние. Бывают же минуты, часы и дни, когда просто не пишется. Или возникает желание отказаться от прежде опубликованного, а что не успел напечатать, — разорвать, растоптать, уничтожить.

Пушкин читал свою жизнь с отвращением, Толстой сомневался в ценности своих книг и уличал себя в тщеславии, Гоголь и Булгаков жгли свои рукописи...

Неужели ни разу не возникло соблазна совершить что-то подобное?

Для писателя самодовольство хуже самоубийства. Собственно, оно само по себе и есть вид творческого самоубийства.

**Ну ладно, живет он в Вермонте,
сам собою любуясь.**

Работает, ныряет, слушает койотов. И музыку, кстати, тоже: ездит на концерты сына. А есть ли еще какая-нибудь духовная жизнь? Читает ли что-нибудь, кроме материалов для «Красного колеса»? Перечитывает ли русскую классику? Знаком ли с мировой современной литературой? В каком-то давнем интервью сказал, что иностранных авторов читал мало — нет времени. Но, может, потом прочел. А как насчет всяких мыслителей вроде, допустим, Ганди, Паскаля или кого еще? А читает ли кого-нибудь из русских современников?

Обозначенный им самим круг чтения не широк и состоит из «деревенщиков» и двух-трех примыкающих к ним. Где-то отметил Владимира Солоухина, Георгия Семенова. Потом: «Умер яркий Шукшин, но есть Астафьев, Белов, Можаев, Евгений Носов. Стоят, не сдаются!..» Где стоят? Кому не сдаются? В семидесятые-восьмидесятые годы, когда Солженицын и другие писатели были отторгнуты от живого литературного процесса, а самиздат стал чтением опасным и малодоступным, сочинения «деревенщиков» оказались единственной альтернативой казенной литературе. Они были и читаемы публикой, и обласканы властью, противопоставлявшей их «диссидентам». И не стояли, а сидели в президиумах. А Василий Белов еще и в бюро Вологодского обкома КПСС. Распутина государство отметило Ленинской премией и высоким советским званием Героя Социалистического Труда. Да и остальные никакому нападению не подвергались, а когда Солженицына травили и тащили в Лефортово, деревенщики стояли в стороне. Но они пришлись по душе Александру Исаевичу, который, повторяя Можаева, сказал где-то, что они пишут не хуже Толстого, потому что и деревню знают, и высшее литературное образование получили. Следя за ходом дел из Вермонта, он писателей другого круга в России не заметил, а из эмигрантов выделил двоих, тоже крепко стоявших.

«Максимов крепко стоит и безупречно выдерживает стержень...»

«Достойным особняком стоит в эмигрантской литературе конца 70-х Владимир Максимов...»

«Есть (уже никак не «деревенщик», он вообще особняком) очень обещающий Владимов...»

Крепко. Особняком. Стоят. А кроме того, что крепко и особняком, какими еще достоинствами отмечены? А можно ли считать обещающим писателя, который приблизился к пенсионному возрасту и существует в литературе лет около сорока. А что пишут крепко стоящие? Как у них насчет языка, сюжетов, метафор и образов? Ну и ладно. Мы их пока там, где стоят, и оставим.

«С «Августа» начинается процесс раскола моих читателей,

сторонников, и со мной остается меньше, чем уходит, — отметил Солженицын в «Теленке» и продолжил: — На ура принимали меня, пока я был, по видимости, только против сталинских злоупотреблений, тут и все общество было со мной. В первых вещах я маскировался перед цензурой — но тем самым и перед публикой. Следующими шагами мне неизбежно себя открывать: пора говорить все точней и идти все глубже. И неизбежно терять при этом читающую публику, терять современников в надежде на потомков. Но больно, что терять приходится даже среди близких».

Начало процесса обозначено точно. Но причину автор не понял. К тому времени, когда он появился, в России уже достаточно было людей, которые в неприятии существующей власти не держались ни за Сталина, ни за Ленина, дошли до этого неприятия своим умом и задолго до Солженицына. Раскол его читателей наметился по причине, самой обидной для автора: он стал писать неинтересно. Может, как раз и на пользу была ему прежде маскировка перед цензурой.

«Август Четырнадцатого» я, как и многие,

начал читать с предвкушением удовольствия, которое не пришло. «Иван Денисович» и, например, «В круге первом» легко начинались, с первых строк завлекали, заманивали, а тут нас заранее автор предупредил, что запланировано великое и тяжелое дело, которое другим (было указано в предисловии к самиздатскому варианту) «невподым». И чтоб сразу продемонстрировать невподымность, уже во втором абзаце высказана полемическая (в пику официальному атеизму, но доступная любому безбожнику) мысль, что за тысячи лет все люди, если б тащили сюда в одну кучу все, что могли «дооказным раствором рук... не поставили бы такого сверхмыслимого Хребта».

С этого «Хребта» и покатилось «Красное колесо» — эпопея длинная, скучная, как езда на волах по бескрайней, однообразной северокавказской степи. Я первый том через силу одолел, а в остальные, совсем невподымные, только заглядывал, поняв, что эта работа только для очень трудолюбивых.

Но вернемся в Вермонт к нашему отшельнику,

который работает, работает, просто работает и при этом даже не интересуется, придутся ли его книги «по вкусу западной публике, будут ли их покупать».

Неужто, правда, не интересуется?

В свое время он оказался фигурой символической, как бы представителем и наследником всех, советской властью затравленных, замученных, забитых и забытых. И единственным выслушанным свидетелем обвинения. Других очень долго не слышали. Книга Юлия Марголина «Путешествие в страну Зэка», одно из первых свидетельств о ГУЛАГе, прошла практически незамеченной. Перебежчика Виктора Кравченко, пытавшегося открыть Западу глаза на карательную суть советского строя, французские интеллектуалы затравили. Шаламов умер почти в безвестности и нищете. В Нью-Йорке эмигрантский «Новый журнал» печатал рассказы Шаламова крохотными порциями и на невидных местах, как будто старались и напечатать эти рассказы, и оставить никем не замеченными. А ведь Солженицын, чье любое слово жадно ловилось всем миром, мог привлечь внимание к рассказам Шаламова, но почему же не сделал этого? Просто руки не дошли? Я догадывался о причине и догадку изложил в этой работе, когда Бенедикт Сарнов обратил мое внимание на мемуары Шаламова, где автор пишет о своей встрече в 1963 году с Солженицыным, который учил его, как добиться литературного успеха в Америке.

Цитирую:

« — Для Америки, — быстро и наставительно говорил мой новый знакомый, — герой должен быть религиозным. Там даже законы есть насчет этого, поэтому ни один книгоиздатель американский не возьмет ни одного переводного рассказа, где герой — атеист, или просто скептик, или сомневающийся.

— А Джефферсон, автор декларации?

— Ну, когда это было. А сейчас я просмотрел бегло несколько ваших рассказов. Нет нигде, чтобы герой был верующим. Поэтому, — мягко шелестел голос, — в Америку посылать этого не надо...

Небольшие пальчики моего нового знакомого быстро перебирали машинописные страницы.

— Я даже удивлен, как это вы... И не верить в Бога!

— У меня нет потребности в такой гипотезе, как у Вольтера.

— Ну, после Вольтера была Вторая мировая война.

— Тем более.

— Да дело даже не в Боге. Писатель должен говорить языком большой христианской культуры, все равно — эллин он или иудей. Только тогда он может добиться успеха на Западе». *(Варлам Шаламов. Воспоминания. М. «Олимп». Издательство АСТ. 2001.)*

Из этой записи видно, что Александр Исаевич не всегда был равнодушен к тому, будут ли его покупать на Западе, очень даже рассчитывал свой успех (исходя, впрочем, из ложного убеждения, что в Америке есть законы, по которым литература должна быть обязательно религиозной). Он не только заботился о своем успехе, но, похоже, ревниво относился к возможным успехам других, чего, может быть, даже старался не допустить.

Тем более что был на Шаламова в обиде. Тот его не признал, называл лакировщиком и делягой. Насчет лакировки Шаламов был не прав. Жизнь, которую невозможно отобразить иначе, как черными красками, перестает быть предметом, доступным искусству. В кругах ада, описанных Солженицыным, есть еще признаки самой жизни. Люди влюбляются, волнуются, спорят о русском языке, изучают английский, читают стихи, обсуждают недостатки кинофильма «Броненосец «Потемкин», шутят, лукавят, совершают поступки, подлые и благородные. Крайние условия жизни, где ни для каких человеческих чувств не остается места, художественному описанию просто не поддаются. Поэтому нет высоких литературных достижений в сочинениях об Освенциме, Треблинке (но есть очень сильно написанная глава в «Жизни и судьбе» Гроссмана), а рассказы Шаламова слишком уж беспросветны, чтобы восприниматься как факт большой литературы. Я Шаламова глубоко почитаю, но вынужден согласиться с Лидией Чуковской (см. ниже), что дар Солженицына крупнее шаламовского. Насчет деловых способностей Солженицына спорить не буду, а вот относительно саморекламы Шаламов был прав только отчасти. Солженицын во многих случаях мастерски использовал ситуацию, тянул на себя все одеяла и многие натянул. Но справедливости ради надо сказать, что он себя породил, он себя и убил. Отсутствие сомнений в самом себе и самокритики, гордыня и презрение к чужому мнению заглушили в нем инстинкт самосохранения (творческого), лишили его возможности трезво оценивать свою работу и почти все, что он написал в эмиграции, его публичные выступления и отдельные высказывания стали для него убийственной антирекламой. Критику со стороны воспринимал он только как злобные нападки, и не иначе. Правда, вокруг него и сейчас есть группа литературных приверженцев, которые его *двучастные* рассказы и *суточные* повести оценивают по высшей шкале, но делают они это с очевидной неискренностью (так в свое время казенные критики восхваляли вершины «секретарской литературы», а особенно книги Леонида Брежнева), с надеждой чем-нибудь поживиться. Хваля автора, они мало его цитируют, не давая читателю возможности наглядно понять, чем же восхваляемый так хорош. Прислушиваясь только к лести и отвергая попытки серьезного разбора своих писаний, Солженицын в конце концов достиг результатов, которые можно назвать сокрушительными. Он был одним из самых читаемых писателей во всем мире (а то и самым-самым), а стал малочитаемым. Конечно, достигнув высокого уровня материального благополучия, можно не интересоваться, «чтоб покупали». Но ведь в нашем деле покупатель — это читатель, чье признание через покупку книг и выражается. Разумно ли этим фактом пренебрегать? Может быть, Кафку не волновало, будут ли его покупать, но он и не жаловался, что его не читают, не дочитывают или неправильно прочитывают.

Кстати, насчет жалоб.

«С таким гневом свободные плюралисты никогда не осуждали коммунизм,

а меня эти годы дружно обливали помоями — в таком множестве и с такой яростью, как вся советская дворняжная печать не сумела наворотить на меня за двадцать лет.

...Кто бы тогда предсказал, что писателя, который первый и прямо под пастью все это громко вызвездит режиму в лоб, — та образованщина возненавидит лютее, чем сам режим?..»

Так написано у него в «Наших плюралистах», и такие же жалобы размещены в других его мемуарных и публицистических текстах.

Но кто кого начал обливать помоями?

Добрейший человек архиепископ Иоанн Сан-Францисский (в миру князь Дмитрий Шаховской), относясь попервах к нашему герою с большим пиететом, затем не удержался и выдал язвительную эпиграмму, которой, к сожалению, я помню наизусть только начало:

Теленок с дубом пободался,
Дуб пошатался и остался.
Тогда теленок всех подряд
Давай бодать других телят...

Телята реагировали по-разному. Кто на дуб накинулся сгоряча, кто дал от дуба стрекача...

Одного боевой теленок забодал, другого лягнул, на третьего рявкнул, но сам оказался очень нежным и ранимым. Из сочинения в сочинение другое текут жалобы на оппонентов из числа эмигрантов и американских журналистов, а в собственно «Плюралистах» приводятся характеристики, выданные ему этими клеветниками:

«Фальсификатор... Реакционный утопист... Перестал быть писателем, стал политиком... Любит защищать Николая I (?)... «Ленин в Цюрихе» — памфлет на историю... Оказался банкротом... Сублимирует недостаток знаний в пророческое всеведение... Гомерические интеллектуальные претензии... Шаманские заклинания духов... Ни в грош не ставит русскую совесть... Морализм, выросший на базе нигилизма... Освящает своим престижем самые порочные идеи, затаенные в русском мозгу... Неутолимая страсть к политическому пророчеству с инфантилизмом... Потеря художественного вкуса... Несложный писатель...»

Шесть лет он — по его утверждению — трудился, не замечая ничтожных усилий своих оппонентов обратить на себя внимание, и «продремал все их нападки и всю их полемику», не видя и не слыша их мышиной возни, «их воя и лая». Дремал бы и дальше, но «облыгают» Россию, и вот — не стерпел и, кончивши три «узла», решил всем обидчикам «вызвездить в лоб». А как начал звездить, так обнаружилось, что дремал вполне «внимчиво», ни одного критика из виду не выпустил, ни одного сказанного о себе слова мимо ушей не пропустил и без рассмотрения не оставил. И это человек, о котором исписано столько бумаги, что всем «раствором рук» не перетаскаешь. Из всех знакомых мне литераторов, о которых критики вообще что-нибудь пишут, я не знаю ни одного, кто бы так внимательно выслеживал, записывал каждое сказанное о нем слово и воспринимал столь болезненно и сердито. Всех пригвоздил, как сумел. С отвращением сказал о диссидентах и правозащитниках, давая понять, что ничего общего у него с ними нет (а мы-то думали, что он сам диссидент и правозащитник). Демократическое движение обозначил (это уже кто-то отмечал до меня) презрительной аббревиатурой «демдвиж» и сам от него отодвинулся.

И опять-таки, перечисляя все сказанное о нем, не проявил ни малейшей попытки предположить: неужели ни для одного из высказанных мнений он не дал ни малейшего повода? И ни разу всерьез не задумался, за что же на него так ополчились люди, совсем недавно бывшие его горячими поклонниками? Почему тогда вначале, на гребне его немыслимого успеха, не умирали от черной зависти? А если изначально были недоумками и негодяями, то чего стоили тогдашние их восторги?

Нет вопросов, нет ответов, а есть объяснение, что его враги — это те, которые «забегливые спешат забежать перед Западом и многобрызно». А еще — вот выродки! — «обтрагивают мертвое тело старой России» и «испытывают к ней омерзение». Все его не понимают и понять не хотят, кроме разве что Льва Лосева, слова которого — смесь печальной иронии и малой надежды — приводит автор «Зернышка»: «Судя по его могучему началу, «Красное колесо» — это письмо всему русскому народу. Докатится колесо до Москвы, будет письмо прочитано и принято к сердцу — тогда можно не сомневаться, что будущее России будет великолепно». Если это ирония, то направленная на кого? На Солженицына? На народ? Не всерьез же такое утверждать.

Он всегда трудился много, продуктивно,

а обеспечив себе возможность не отвлекаться на стороннее, один за другим несколько томов написал. Но литература — это та область человеческих усилий, где количество в качество не переходит. Кстати, оценивать трудолюбие писателя следует не только по тому, сколько времени он провел за столом и сколько написал, но и по тому, сколько раз переписывал. Не знаю, переписывал ли Солженицын свои «узлы», но следов кропотливой работы в них не видно.

Владимир Максимов, имевший слабость к литературным штампам, эпопею «Красное колесо» перед самой своей смертью припечатал в газете «Правда» беспощадным приговором: «оглушительная неудача».

В то время не каждый читатель трудов Солженицына мог себе позволить сказать подобное вслух. Да и кто бы это напечатал, кроме «Правды» и «Континента»? Другие печатные издания и сейчас не все посмеют. А тогда в только что освобожденной от цензуры прессе (в той, которая по направлению считалась «передовой») время от времени появлялись отповеди читателям, пренебрегающим солженицынской эпопеей и не понимающим, что чтение великой книги — труд, а не удовольствие. Глупая точка зрения, предполагающая, что большая литература должна осваиваться читателем с адекватно большим трудом, у нас, как ни странно, вполне привилась, и среди почитателей Солженицына есть такие, которые осилить его книги не могут, но именно поэтому относятся к нему с еще большим пиететом.

Это же Солженицын! Это же о! О! О! И на этом междометии замолкают растерянно, не умея объяснить, что оно означает.

А что все-таки: О!О!О!?

Художественная литература — это вид искусства. Отсутствие в романе, повести или рассказе признаков искусства нельзя оправдать ни важностью темы, ни именем автора, ни его биографией, ни заслугами, настоящими или мнимыми, прошлыми или сегодняшними, ни обстоятельствами жизни.

Неужели это надо доказывать?

«Может ли Бог создать камень, который он не сможет поднять?»

Этот каверзный вопрос атеисты задают проповедникам веры, но сами на него отвечают. Если не может создать, значит, не всемогущ. Если создать сумеет, но не сможет поднять, значит, тоже — не всемогущ.

Солженицыну такой камень создать удалось.

Оказавшись на Западе, Солженицын

давал немало (вопреки его утверждениям) всяческих интервью, напечатал много публицистических статей, в которых стращал мир красной угрозой, попрекал изнеженностью и отсутствием воли и предлагал Западу отказаться от западного образа жизни. Призывал Запад быть твердым и, не сомневаясь, вмешиваться во внутренние дела СССР. На самом деле у Запада для соревнования с коммунизмом было материальных и моральных ресурсов гораздо больше, чем мнилось обитателю вермонтского «укрывища».

Видимые слабости Запада были на самом деле его силой: свободное, открытое, плюралистическое общество быстрее, точнее и тоньше реагирует на возникающие угрозы на инстинктивном уровне, даже на уровне валютных бирж и индекса Доу-Джонса. Открытое общество и воюет лучше: умнее, точнее, с

85

большим эффектом и меньшими потерями. Американцы в считаные недели достигли в Афганистане того, с чем Советский Союз не управился и за десять лет. При этом американцы потеряли несколько человек, а Советская армия, перебив сотни тысяч чужих и положив тысячи своих, овеянная неувядаемым позором, вернулась домой ни с чем. Солженицын, не понимая преимуществ открытого общества, предрекал ему скорую, глобальную и тотальную победу коммунизма. Несогласных с ним западных советологов поносил последними словами, хотя с мыслями их, не владея достаточно чужим языком, знакомился скорее всего в пересказе. И вообще его высказывания о Западе наводят на подозрение, что основным источником его знаний об этой части мира (конечно, им как-то переосмысленных) была советская пропаганда. Что он мог знать о Западе, если не только не кружился в нью-йоркском или парижском смерче, но даже (вспомним свидетельство Струве) о жизни своих ближайших соседей не имел представления и койотов встречал чаще, чем американцев?

К этому я прибавлю, что, считаясь знатоком советской жизни, он и о ней имел, в общем-то, смутное представление. Человек по характеру подпольный, он не представлял себе, насколько советское общество, в целом относясь к советскому режиму недружелюбно, не бунтует, но ведет против него неорганизованный и даже неосознанный тотальный саботаж, который проявлялся в пренебрежении большинством народа своими обязанностями, в плохой работе на всех уровнях, во взяточничестве, воровстве, казнокрадстве.

Мы Солженицына, впрочем, тоже не вполне знали. Я, как и другие, считал его убежденным правозащитником (да и как можно было писать об ужасах ГУЛАГа, не будучи им?). Но он к правам человека (покинувши пространство, где этих прав лично ему не хватало) стал относиться с явным пренебрежением. Оказывается, прежде прав должны стоять обязанности (это провозглашено уже в «Плюралистах»). Вот уж с чем никак не соглашусь. Сначала должны быть права. Бесправный человек есть раб. Только тогда гражданин исполняет свои обязанности с достоинством и честно, когда знает, что это — обязанности перед обществом, уважающим его самого и его права. И ответно уважаемым им. Раб подчиняется, но от его работы порой бывает больше вреда, чем пользы.

В неуважении прав человека Солженицын впоследствии продвинулся еще дальше. В дни, когда я пишу эти заметки, он повторяет настойчиво мысль о предпочтительности прав общества перед правами личности, а в прожекте обустройства России права человека поставил ниже интересов национальной безопасности. В таком случае чем ему советская власть не нравилась? Она его потому и травила, что его права ставила ниже интересов госбезопасности. И вообще режимы (таким был советский), которые свою безопасность ставят выше прав человека, для собственного народа бывают опаснее иностранных захватчиков. О чем хорошо знал зэк Солженицын, вместе с другими заключенными мечтавший о том, что американцы нападут на Советский Союз, разгромят его (пусть даже атомной бомбой), распустят лагеря и нас всех освободят от тоталитарной власти. В первые свои годы в США он говорил, что Америка вызывает у русских людей «соединенное чувство восхищения и сострадания». Об Америке же говорил, что она страна «Простора души. Щедрости. Великодушия». Но слишком доверчива. Американцев умолял (цитирую дословно): «Пожалуйста, побольше вмешивайтесь в наши внутренние дела».

Его изменчивое отношение к правам и другим человеческим заботам можно объяснить только одним — очевидным эгоизмом. Он понимает только те страдания, которые сам пережил недавно или переживает в настоящее время. По мере удаления от них они становятся ему все более безразличны. Когда он в поте лица катил все дальше свое «Колесо», некоторые читатели советовали ему остановиться, сосредоточиться и написать что-то не столь громоздкое, что-нибудь вроде «Одного дня Ивана Денисовича» или «Матрены». Я и сам удерживал себя от побуждения сунуться с подобным советом. Но потом понял:

эти персонажи уже отдалились от него. Он их уже не понимает, не чувствует, а другие образы, не из личного опыта, тоже ему не даются.

Господь, по мнению Солженицына, его укрепил,

дал ему возможность после всего перенесенного жить и работать в идеальных условиях. Только Господь ли?

Странно и несправедливо влияют обстоятельства жизни на литератора.

Живя в нужде, мечтает он о том, что вот напечатают его когда-нибудь большими тиражами, люди купят его книги, он прославится, станет обеспеченным человеком, уединится в своем поместье, домике (как мечтал Булгаков) или хотя бы в отдельной квартире, вот там-то уж и разгонится.

Оказывается, писателю все может быть на пользу и все во вред.

И плохие условия жизни, и хорошие. Очень хорошие бывают губительнее просто плохих.

Пушкин, которого в союзники призывал Александр Исаевич, в затворничестве сидел с пользой для себя (и для нас), но по принуждению. В остальное же время жил суетно, не чуждался (бесплодного?) кружения в петербургском смерче. И другие классики наши и на балах выплясывали, и в картишки поигрывали, и рулетку крутили, и к цыганам ездили, прожигали жизнь всеми возможными способами, а иначе не было бы у нас в литературе первого бала Наташи Ростовой, «Игроков» Гоголя, «Игрока» Достоевского и много чего еще.

Пушкин велел нам судить художника по законам, им самим над собой установленным. Я думаю, этот закон можно перенести с произведений художника на его личную жизнь. Вот, допустим, достиг писатель материального благополучия, удалился от мирской жизни и — делай, что хочешь. Пиши, что желаешь или совсем ничего. Плюй в потолок, разводи кур или выращивай помидоры. И пускай толпа тебя бранит и плюет на алтарь... А ты плюй на нее и не жалуйся, что она тебя не понимает, ложно толкует, и вообще не вслушивайся, кто что плетет про тебя за твоей спиной. Но если Александр Исаевич хотел не то чтобы развиться и достигнуть новых вершин, а хотя бы остаться на уровне прежних, то, может быть, не Господь отрешил его от забот о хлебе насущном, а извечный его оппонент с хвостом и копытом, который всегда ведь своего добивается через соблазны. Господь, желая, чтобы его самодовольный избранник писал в прежнюю силу, вернул бы его в Рязань на должность учителя средней школы, на маленькую зарплату, чтоб ездил в общем вагоне, покупал яйца по девяносто копеек и вместо невподымного «Красного колеса» писал бы, как сам приблизительно обозначил, *«необстоятельные рассказы и совсем небольшие, больше «крохоток», но меньше «Матрены», так бы — от двух до шести страниц».* Или вверг бы его Отец небесный в нью-йоркскую суету, там тоже темы разные могли бы в голову прийти...

Вроде тех, что осеняли Сергея Довлатова.

В «Образованщине» автор перечисляет

достоинства, коими должен обладать интеллигент. Если я правильно запомнил, высшими и обязательными добродетелями представителя этой прослойки должны быть жизнь не по лжи, самоограничение до аскетизма и готовность к жертве. Я все эти признаки принимаю частично. Насчет того, чем жертвовать, ради чего и до какой степени, имею свою точку зрения. Согласен, что надо (и сам старался) жить не по лжи, но не думаю, что это условие легкое. Хотя по Солженицыну это значит всего лишь *«не говорить того, что не думаешь, но уж: ни шепотом, ни голосом, ни поднятием руки, ни опусканием шара, ни поддельной улыбкой, ни присутствием, ни вставанием, ни аплодисментами».*

Ничего себе всего лишь! Да в Советском Союзе (Александру Исаевичу это было известно, как никому, и сам он своей заповеди не соответствовал) за это «всего лишь» людей как раз больше, чем за что бы то ни было, травили, убивали и гноили в тюрьмах. Однако для меня, кроме доблестей гражданских и требующих большого мужества, существуют еще и такие признаки интеллигентности, как скромность, вежливость, деликатность, уважение к чужой личности и к чужому мнению, стремление к справедливости, боязнь обидеть кого-нибудь действием или словом, тем более — обидеть зазря. Но, приглядываясь к Александру Исаевичу, я заметил, что некоторые из перечисленных мною характеристик в его поведении отсутствуют начисто. Нагрубить человеку без достаточной причины, перетолковать его слова, намерения и поступки и даже обозвать его ему ничего не стоит. Того же Саца обозвал мутно-пьяным, потом мутно-угодливым (арсенал небогатый). О Зощенко отозвался пренебрежительно: «О, человековед!» — и посетовал, что тому не пришлось тачку катать на Беломорканале. Оказавшись на Западе, тут же «всех подряд давай бодать других телят». То французскому министру культуры Андре Мальро «вызвездил в лоб», то отвесил оплеуху (не буквально, конечно) выдающемуся комментатору Би-би-си Анатолию Максимовичу Гольдбергу. Которому внимали с благодарностью миллионы советских радиослушателей. И гипноз имени Солженицына был таков, что обиженные им не смели ему ответить.

Я на все это смотрел со стороны,

удивлялся, но не ожидал, что скоро и до меня дойдет очередь. Я ведь, правда, много раз и резко выступал в его защиту, отзывался о нем публично самым высоким образом, а растущего разочарования выражать не спешил. Но вот случился конфликт, который Александр Исаевич («Угодило зернышко промеж двух жерновов», «Новый мир» №4, 2001) изображает таким образом: «Пред ним я сверх того, что существую, провинился тем, что как-то, на неуверенном старте его западной жизни, передал через друзей непрошеный совет: не пользоваться судом для решения его денежных претензий к эмигрантскому издательству, поладить как-нибудь без суда; он буквально взорвался, ответил бранью...»

Расскажу, в каких обстоятельствах мне был дан «совет» и как он выглядел.

На «неуверенном старте» моей западной жизни, будучи человеком, прямо сказать, не очень практичным, я скоро стал жертвой тамошних дельцов. Сначала мой американский адвокат присвоил все мои деньги, и я, наняв другого юриста, еле-еле вернул себе малую часть. Затем возник конфликт с издательством ИМКА-Пресс, которое с самого начала наших отношений вело себя по отношению ко мне с крайней безответственностью. Я уже писал в своей книге «Дело №34840», что рукопись «Чонкина», посланную этому издательству в 1973 году, оно, подвергая меня нешуточному риску, два года держало у себя, никому не отдавало, само не печатало и опубликовало только тогда, когда уже вышли издания немецкое и шведское (а то б и дольше тянуло). Кстати сказать, когда кагэбэшники на допросе уверяли меня, что Солженицын препятствовал опубликованию книги, я с негодованием этот, как я думал, поклеп отверг. Но теперь знаю, что да, препятствовал, проталкивая вперед патронируемые им рукописи вроде антишолоховского опуса «Стремя «Тихого Дона» и поданного с большой помпой собрания мыслей неумных людей в сборнике «Из-под глыб».

Когда я, вскоре после эмиграции, первый раз очутился в Париже, директор издательства Владимир Аллой и фактический хозяин издательства Никита Струве меня с энтузиазмом приветствовали, но о гонораре не заикнулись. Да и сам я о нем не спросил, думая: издательство жалкое, эмигрантское, что с него возьмешь? Хотя сам находился, как говорят, в затруднительных обстоятельствах. Через некоторое время знающие люди мне объяснили, что издательство не такое уж жалкое. Стоящая за ним организация ИМКА, как мы ее называли, или YMCA (Young Men Christian Association) очень богата, среди спонсоров издательства есть и ЦРУ (эта организация поддерживала все эмигрантские издательства, печатавшие книги, запрещенные в СССР), так что деньги у них имеются. И на моих достаточно популярных и коммерчески выгодных книгах они тоже кое-что заработали и должны поделиться. Я написал письмо Струве. Он мне вскоре ответил, что да, он совсем забыл, ИМКА должна мне «кучу денег!» — целых... и назвал сумму, в тридцать раз меньше той, на которую я рассчитывал. Причем в старых франках, еще бывших в обращении, но стоивших в 1000 раз меньше новых. Да еще просил разрешения выплатить эту мелочь частями. А поскольку Струве в своем журнале «Вестник РСХД» как раз в это время регулярно печатал «узлы» о февральской революции, я спросил его, почему он предлагает мне старые франки, а не керенки. В процессе дальнейшей перепалки я ему пригрозил судом. Правду сказать, блефовал. В расчете на то, что испугается и отдаст мне не лишнее, а заработанное.

Он в самом деле испугался. И вдруг...

...И вдруг звонит мне в Германию Юрий Штейн.

Который считается родственником Солженицына, поскольку его жена Вероника Туркина приходится бывшей жене Солженицына Наталье Решетовской двоюродной сестрой.

— Слушай, я тут был у Исаича в Вермонте, а к нему как раз приехал Струве и жаловался на тебя, что ты собираешься подать на него в суд. Так вот Исаич просил меня передать тебе его мнение. Он мне его продиктовал и хочет, чтобы ты его записал. У тебя карандаш и бумага есть? Записывай.

Я сказал: «записываю», хотя делать этого не собирался. О чем потом пожалел. Все-таки документ следовало бы сохранить в подлинном виде. Но я не записал и воспроизвожу по памяти. Послание никакого обращения не содержало. Ни имени-отчества, ни просто имени и уж, конечно, принятого эпитета вроде «дорогой» или «уважаемый», а начиналось прямо со слова «стыдно». «Стыдно русскому писателю судиться с издателем из-за гонораров». И что-то еще в этом духе, кратко, грубо и выразительно.

Когда в 1975 году два кагэбэшных бандита в гостинице «Метрополь» угрожали мне убийством и продемонстрировали один из возможных способов, я обратился к Солженицыну, жившему уже за границей, с просьбой меня защитить, но он не откликнулся. А тут расторопно отреагировал на жалобу Струве. Да еще в такой форме, которая у блатных на их «фене» называется «оттянуть» или «взять на горло».

Это был, конечно, никакой не совет. Совет нормальный дается всегда только с добрыми намерениями и хотя бы с приблизительным пониманием сути дела. Здесь не было ни того, ни другого.

Если я и рассердился, то в первую очередь на себя. Какой бы Солженицын ни был хам, он ведь не с каждым позволяет себе так обращаться. Неужели я дал ему повод думать, что со мной можно и так? Еще ведь и потому позволяет, что я вроде бы как свой.

Я, как мне кажется, человек тихий, вежливый, держусь скромно, производя на некоторых людей ошибочное впечатление. Но ведь и я, хотя в лагере не сидел, прошел школу жизни, где «феня» к иностранным языкам не относится.

— А у тебя есть бумага и карандаш? — спросил я вкрадчиво Штейна.

— Есть! — отозвался он по-военному.

— Тогда запиши мой ответ. Приготовился?

— Приготовился.

— Пиши...

Мой ответ был тоже кратким и очень невежливым. Меня потом некоторые люди спрашивали, как же это я посмел? А вот так и посмел.

Не ответить на такое обращение, ничем его не заслужив, я не мог, а другого ответа адресат бы не понял.

Когда был напечатан роман «Москва 2042»,

мои недоброжелатели искали тайную причину его написания и тот же Юрий Штейн считал, как мне говорили, эту книгу местью за невежливое ко мне обращение Солженицына. Я был очень удивлен, узнав, что это мнение разделяется и самим Александром Исаевичем. Это не так. Я не ценю свой труд так высоко, как он, но и не настолько не дорожу им, чтобы на каждую грубость откликаться целой книгой.

На самом деле замысел мой был серьезный и зрел долго.

Давным-давно, когда Солженицын был уже за границей,

а мы с Виктором Некрасовым сидели на кухне у Анны Самойловны Берзер в микрорайоне Химки-Ховрино, я рассказывал им обоим импровизированную на ходу историю приключений русского писателя, который, попав в Швейцарию, живет там, воображая, что он — Ленин. Оба мои слушателя смеялись до слез и никоим образом не сердились, что я таким непочтительным образом пародирую почитаемую ими фигуру. Больше того. Через некоторое время мне позвонила Ася и, смеясь, сказала, что вышла книга «Ленин в Цюрихе», по которой видно, что автор, в полном соответствии с моей устной пародией, сильно вжился в образ своего персонажа. Я вспоминаю это потому, что впоследствии они оба (Вика в Париже — во время нашей последней встречи — и Ася в Москве) пеняли мне, как же я позволил себе так изобразить Солженицына в «Москве 2042».

Но тогда я рассказал и забыл. А потом вновь всплывала в памяти эта выдумка как праздная и не таившая в себе осознанного намерения. Она являлась мне чаще всего при отходе ко сну и постепенно принимала все более определенные очертания, пока в конце концов я не понял, что это замысел, и неплохой. Я вовсе не собирался стать фантастом, но мне захотелось заглянуть в будущее России лет примерно на пятьдесят и представить себе один из возможных путей ее развития. И развитие некоторых тенденций, наметившихся уже тогда.

Кроме того, меня с детства интересовали самозванцы.

Еще с первого прочтения «Капитанской дочки» и «Бориса Годунова» я думал о феномене самозванства, которое, как мне казалось потом, в наши просвещенные времена уже невозможно. Но это свое мнение я постепенно менял, приходя к мысли, что самозванство необязательно проявляется в присвоении себе чужого имени. Самозванцами можно считать и людей, приписывающих себе таланты, достоинства и добродетели, которыми они не обладают или всего лишь не опровергают приписываемого им молвой. В этом смысле не только Гришка Отрепьев, но и сам Борис Годунов был самозванцем. Или тем более Григорий Распутин. Или Сталин. Или... да в какой-то степени и наш герой. Нет, он не называет себя чужим именем и не приписывает себе чужих заслуг. Но принимает без критики приписываемые ему качества и свершения и

99

дошел до вздорного и выражаемого не в шутку утверждения, что его рукой непосредственно водит сам Господь Бог. Это ли не самозванство?

Замысел оброс плотью

еще до моего отъезда на Запад, но по обстоятельствам тогдашней моей жизни мне было не до него. К 1982 году он оформился окончательно, и я принялся за работу. Сперва я хотел «заглянуть» на пятьдесят лет вперед — в 2032 год (в как бы собственное столетие), потом, подумав, передвинул действие еще на десяток лет, где вековой юбилей отмечает рассказчик, который на десять лет моложе автора.

Я говорил много раз (некоторые недоверчивые критики этой книги воспринимали мои утверждения как попытку увильнуть от их сурового суда), что не стал бы писать пародию на Солженицына, если бы не увидел в нем типический образ русской истории. Если бы не было в ней движимых похожими страстями бунтарей и разрушителей устоев вроде перечисленных мною выше исторических личностей, к которым прибавлю протопопа Аввакума, Пугачева, Бакунина, Чернышевского... Но смиренно признаю, что и черты Солженицына в искаженном виде (все-таки пародия) образ Сим Симыча Карнавалова в себе несет. Замечу еще и то, что Сим Симыч Карнавалов — один из главных персонажей, но не самый главный, сейчас, когда я пишу эти заметки, «главнее» стал (даже в книгах субординация героев со временем может меняться) другой образ: правитель будущей России, участник Августовской революции, герой Бурят-Монгольской войны, Гениалиссимус, бывший генерал КГБ, свободно говорящий по-немецки, — Лешка Букашев.

Некоторые, говоря о жанре моего романа, считают, что это фантастика или антиутопия. Покойный Камил Икрамов определил жанр как анти-антиутопию. Не знаю, что вернее, но для меня важной особенностью этого романа было пересмешничество. Разные явления жизни, многие люди, их мысли, слова, поступки и ужимки и собственные побуждения вызывают у меня не желание гневного разоблачения, а просто смех. Или ироническую улыбку. Или жалость. Или и то, и другое, и третье.

Летом 1986 года автор этих строк,

прибыв в город Нью-Йорк, в ряду разнообразных других имел еще и намерение опубликовать только что испеченный роман в виде газетного сериала в газете «Новое русское слово», редактируемой Андреем Седых (псевдоним старейшего тогда русского литератора Якова Моисеевича Цвибака). Роман имел название «Москреп», которое автор потом изменил, и, наверное, зря. Яков Моисеевич относился к приезжему в высшей степени положительно и сразу согласился опубликовать предлагаемый текст, даже не зная, о чем он. «Но имейте в виду, — предупредил романист, — в этом сочинении есть образ, напоминающий одного известного писателя». «Неужели Максимова?» — испугался Седых. «Нет, нет, — сказал автор, — другого, пострашнее Максимова». «А-а, этого, — сообразил Яков Моисеевич, — ну что вы! Он, может, и страшный, но страшнее Максимова зверя нет».

Видать, сильно насолил Якову Моисеевичу заносчивый классик, с самого своего появления на здешних берегах презрительно игнорировавший «их газету на русском языке». Настолько насолил, что, будучи человеком осмотрительным, Седых без колебаний принял роман, заплатил весь гонорар вперед, и — дело пошло.

Вступительные главы, где описывались Мюнхен, Руди Миттельбрехенмахер, генерал Букашев, эмигрантская публика приняла благожелательно, как безобидное развлекательное чтиво, и вдруг...

...Читатели дошли до главы «Леонардо да Винчи»!

Дошли и глазам своим не поверили. Как? Неужели? Неужели автор посмел затронуть священную особу нашего великого и неповторимого и даже шутить над нею?

Сразу оговорюсь. У романа с самого начала были поклонники, и число их, ввиду содержащихся в нем некоторых предугаданностей, со временем не уменьшается. Но тогда заметной реакцией многих читателей было бурное негодование. Гневные стрелы дождем посыпались на голову автора. Я, конечно, был закаленный. Меня и до того «критиковали» за «Чонкина», иногда так, что не знаю, как жив остался, но то была критика с одной стороны, мною нисколько не уважаемой, неуважаемой и моими читателями, а тут...

Ну, правда, из этих я тоже не всех уважал. Меня не удивили Никита Струве, Ирина Иловайская-Альберти, Жорж Нива, Алик Гинзбург, Юрий Штейн, Юрий Кублановский и некоторые другие, негодовавшие, что я посмел усомниться в гениальности Солженицына, подвижничестве и прочих добродетелях, а тем более отнестись с насмешкой (это ж кощунство!) к каким-нибудь его действиям и словам. Я не обиделся на Людмилу Фостер («Голос Америки»), которая в письме ко мне с употреблением ненорматива интересовалась, не повредился ли я в уме. Она, оказывается, ожидала, что, очутившись на свободном Западе, я острие своей сатиры направлю на секретарей Союза писателей и лично на одного из них — Феликса Кузнецова (тоже нашла объект!), а я на кого замахнулся!

О!О!О!

Таких «откликов» было много. В них было все: удивление, возмущение, растерянность. Многие стремились меня оскорбить. А некоторые испытывали смешанные чувства. И возмущались, и восхищались одновременно. Тем, что я такой отчаянный. Как если бы пошел с рогатиной на медведя. Некоторые мои читатели, бывавшие у Солженицына, попеняв мне за роман, предлагали для книжного издания уточнить описание его имения и готовы были сообщить подробности. Я отказывался даже слушать, объясняя, что мой вымышленный персонаж живет в вымышленных мною условиях и никакие конкретные детали жизни конкретного человека мне не нужны. Иные, обвиняя меня в кощунстве, поостыв, любопытствовали, а читал ли мое сочинение Сам и как к этому относится. А были и такие, кто, сперва поругав меня и поудивлявшись, переходили на шепот (словно боялись прослушивания) и на полном серьезе спрашивали, не подсылал ли прототип ко мне наемных убийц. Тут уж мне приходилось удивляться. Какого же вы сами о нем мнения, говорил я этим людям, если допускаете, что он может за пародию убить человека?

Когда меня ругали за Сим Симыча,

я, бывало, ругателям отвечал, что им следовало бы обидеться на другой образ — Зильберовича. Его, мол, я как раз списывал не с Юрия Штейна, как вы думаете, а именно с вас. Да, в поведении и характере Юрия Штейна есть много общего с Зильберовичем, но таких Зильберовичей, как мужеска пола, так и женского, природа давно поставила на конвейер. Почти у каждого человека, ставшего идолом толпы, есть свой Зильберович. Кстати, как я слышал, несколько человек, кроме Штейна, в Зильберовиче себя узнавали и обижались на автора. Говорили, некая попадья с большим задом отождествила себя со Степанидой, а другие читатели вспоминали Ирину Иловайскую-Альберти, главного редактора газеты «Русская мысль».

На самом деле у меня далеко не все персонажи имеют реальных прототипов, а Степанида уж точно была выдумана мною совершенно из ничего.

Я уже сказал, что среди критиков

моего романа было много просто глупых, вздорных и нечестных людей. Но «Москву 2042» встретили удивленно, а то и враждебно некоторые из тех, к кому я относился с большим почтением и даже с любовью. Это уже упомянутые мной Виктор Платонович Некрасов, Анна Самойловна Берзер, Лидия Корнеевна Чуковская и кое-кто еще. Относясь ко мне в целом больше чем дружелюбно, они не понимали, как же я совершил такое. Отношение этих людей к моему тексту меня поначалу просто обескуражило, я смутился, а потом

105

стал думать, а что такого я сделал? Ну, написал пародию и что? Убил? Зарезал? Не отразил все подвиги и благие деяния прототипа? Да это же опять-таки не житие святого, а пародия. У которой возможны два изъяна: не похоже и не смешно. Для пародирования нет никаких запретных фигур. Если говорят, что над всеми можно смеяться, а над таким-то человеком нельзя, для меня это значит, что именно этот человек достоин осмеяния прежде других. Сердиться на пародию глупо. Я и сам бывал прототипом некоторых пародийных характеров, но не обижался. Если это было смешно, смеялся, а если нет, пожимал плечами, зная, что это ко мне не прилипнет. В одном романе отрицательный персонаж, автор пьесы «Хочу быть порядочным», убил родную мать, вспорол ей живот и намотал внутренности на палку. Мне этот текст показали, я подивился фантазии автора, но не обиделся и не рассердился и вообще уже даже не помню, что за роман и кто его написал.

«Когда б вы знали, из какого сора растут стихи, не ведая стыда...» И проза тоже. Все характеры, встречаемые писателем в жизни, включая его собственный, открыты для изображения в любом, адекватном или искаженном в угоду авторской фантазии, виде. Писатель часто сам бывает своим собственным прототипом, рисуя с себя (чаще всего) положительный характер или (редко) совершенно отрицательный, не всегда в этом признаваясь. У каждого человека мелькают в голове мимолетные мысли, идеи и желания, постыдные или даже чудовищные. В жизни они не реализуются, но могут быть приписаны вымышленному герою, это все в порядке вещей. Меня крайне удивляют литературно образованные люди, которые до сих пор не поняли, что прототипом любого героя, даже самого отрицательного, может быть очень добродетельный человек. Писатель вправе лепить создаваемый образ с себя, с кого угодно, со многих сразу и ни с кого. В его возможностях — воплотить мечту гоголевской Агафьи Тихоновны и приставить губы Никанора Ивановича к носу Ивана Кузьмича, да развязность Балтазара Балтазаровича соединить с дородностью Ивана Павловича. И если получился удачный литературный герой, автор поступит глупо, вычеркнув его или испортив только потому, что он на кого-то похож.

Что же касается пародии, тут вопрос решается совсем просто. Если получилась она неудачной, то читатель посмеется над автором, и это будет ему самое страшное и вполне достаточное наказание.

Мои критики надо мной не смеялись, я не дал им такого повода. Они гневались и, споря со мной, приводили смехотворные аргументы. И как могли портили мне жизнь. Полностью, как это бывало в Советском Союзе, запретить мою книгу у них власти не было, но кое-где фактически запрещали. Роман был напечатан по-русски, по-английски и еще на нескольких языках. Четырежды я его читал по Радио «Свобода». А вот на «Голосе Америки» у меня отрывки из романа (15 передач по 15 минут) купили, но в эфир не передали. Как говорили мне шепотом сотрудники радиостанции, начальство испугалось «вермонтского обкома», то есть дома Солженицына, куда пришел «сигнал» о готовившихся передачах и откуда вернулось указание эти передачи отменить.

В одном из своих интервью я уже рассказывал, как американская организация «Интернейшнл Литерари Сентер», созданная специально для закупки и распространения книг, запрещенных в Советском Союзе, отказалась распространять «Москву 2042», потому что в ней — пародия на Солженицына.

В некоторых странах (например, во Франции и Италии) роман не был опубликован опять-таки стараниями возмущенных обожателей Солженицына (они, профессора-слависты и советологи, в этих издательствах были внутренними рецензентами). Мой немецкий издатель и друг Клаус Пипер высоко ценил и автора, и роман, но на него оказывалось давление, и он уговаривал меня книгу как-нибудь переделать, чтобы «гроссе русише шрифтштеллер» (великий русский писатель) не рассердился. Пипер никак не мог мне отказать (меня он тоже ставил в ряд «гроссе»), но Солженицына ужасно боялся. Все-таки роман он напечатал и не пожалел о том.

На закате перестройки и отмены запретов на имена журнал «Нева» ухватился за «Москву 2042», они упрашивали меня, чтобы я отдал его именно им. Продержали роман у себя, испугались, не напечатали, не извинились (извинения в России вообще великая редкость), а время журнального бума, наиболее благоприятное для романа, прошло, и книга была издана не миллионным тиражом, как я ожидал, а только (тогда это количество не считалось слишком большим) стотысячным.

Я не жалуюсь, а рассказываю, как было дело. В конце концов я мог бы даже гордиться тем, что всегда оказывался неугоден как советской цензуре, так и антисоветской, и цензуре «общего мнения». И кроме того, живучесть книги определяется не тиражами, а чем-то другим.

И все же...

Когда меня ругали за «Чонкина» секретари Союза писателей, Герои Социалистического Труда или советские генералы, их суждения были невежественны и смехотворны, но меня это, повторяю, не обижало и не удивляло. Я понимал, что это говорят глупцы и невежды, имеющие нахальство судить о вещах, которые им не по уму. Презрение было моей основной реакцией на их суд. Но когда близкие мне люди возмутились «Москвой 2042» и попытались объяснить причину своего негодования, их аргументация оказалась тоже не умнее этих, мной перечисленных. Только те меня винили в том, что я поднял руку на великий народ, а эти, что — на великого человека, на нашу гордость и славу. Там оплевал я подвиг советских людей, а здесь — подвиг героической личности. Там хотел угодить ЦРУ, а здесь — было и такое обвинение — советской власти. Искал дешевой популярности. Само собой спрашивали, а кто я такой и как смею? И уверенно утверждали, что написана моя книга из рук вон плохо и вообще никто ее читать не станет и скоро она будет забыта. (Эту же судьбу мои враги сулили и «Чонкину».) Эти предсказания, слава богу, пока не сбылись. Книгой моей люди до сих пор интересуются, хотя новым поколениям читателей давно наплевать, кто там какому характеру был прототипом.

Я долго думал, печатать ли эту переписку.

Мне не хочется обижать людей, которые из лучших побуждений, защищая, как они думали, гения, гордость, честь и совесть народа, с моим самолюбием очень мало считались. Но поскольку, вступая со мной в полемику, они руководствовались высокими принципами, мыслей своих не стеснялись, даже считали их истинными, а я находил и нахожу их ложными, я решил представить эти тексты читателю хотя бы частично. Тем более что конкретный спор устарел, а общая тема — нет.

Болезнь кумиротворения вроде гриппа в тяжелой форме. С трудом излечивается, но иммунитета не дает и на старые прививки не реагирует. Появляется новый вирус, а с ним и новая эпидемия.

Как только русское издание «Москвы 2042» вышло из печати, я, естественно, приложил определенные усилия и постарался, чтобы сколько-то экземпляров попало в Москву. Был один адрес, по которому мне эту книгу посылать не очень хотелось, но и не сделать этого я не мог. С этими двумя женщинами, матерью и дочерью, я был очень дружен и никак не мог исключить их из числа первых адресатов. Хотя их реакции ожидал не без опаски. Но, как говорится, действительность превзошла ожидания. Первое письмо пришло от дочери. Спустя много лет я не хотел ставить ее в неловкое положение и намеревался скрыть ее имя, но она пожелала быть названной, в чем ей отказать я не имею права. Называю: Елена Цезаревна Чуковская (для друзей — Люша). В октябре 1987 года в деревню Штокдорф под Мюнхеном пришло ее письмо, которое процитирую. Вот она пишет о впечатлениях, произведенных на нее моей книгой: «Впечатления эти самые безотрадные: удивление, обида, негодование, скука. Я перечислила наиболее сильные, и каждое в отдельности достаточно для огорчения. Огорчение было велико, я не спала несколько ночей, отговорила много внутренних монологов. Пишу об этом, конечно, не для того, чтобы вас разжалобить, а напротив — чтобы вы знали, что мое письмо не случайная вспышка раздражения, а обдуманный и взвешенный поступок...

...Да как вам в голову пришло, что мне можно посылать книжку, где говорится, что не надо ему давать элексир жизни (пусть помирает), а то всех завалит глыбами о «Большой зоне». (*Пишется так, будто в романе идет речь не о вымышленном характере, а о реальном человеке, которого я, реальный, собрался по-настоящему умертвить. — В.В.)* Как у Вас рука повернулась публично оплевывать частную жизнь, словарь Даля, музыку Баха, его поразительное трудолюбие, придумывать какие-то порки на конюшне, а потом и казни...

...Тут Вы, наверно, с досадой отодвинете мое письмо и скажете: «Я же заявил, что не имел в виду С-на, я борюсь с направлением, а мне опять о нем». Но ведь это же фальшиво и рассчитано на простаков.

— А что, похож? — спросили Вы наивно в своем американском интервью.

Ничуть не похож, отвечу Вам я, но Вы дали своему персонажу точный адрес. Вы взяли его слова, названия его книг (*ни одного названия книг Солженицына я не брал. — В.В.).* Представьте себе, что я бы накропала повестушку, где был бы такой персонаж — начинал в «Нов. мире», написал песню о космонавтах, по его повестям шли пьесы во многих театрах, выпустил в Политиздате книгу о знаменитой революционерке, потом поссорился с Союзом писателей, издал на Западе сатирическую повесть об одном литчиновнике и два тома приключений простого советского солдата. Из России был вынужден уехать.

Похоже это будет на Вас или нет?

Не похоже, потому что в этом перечне фактов не проявлена Ваша личность, и абсолютно похоже, так как все это черты Вашей биографии. Если я еще добавлю, что мой персонаж жил на Аэропорте, а потом заявлю, что совсем не имею в виду Войновича, то это будет примерно то, что делаете Вы, спрашивая: « А что, похож?»

...Я помню людей, которые, рискуя жизнью, хранили, берегли эту книгу («Архипелаг ГУЛАГ». — *В.В.*), эту память. И вот сегодня Вам нечем заняться, кроме как плевать в ее автора, а значит, и во всех нас? Нет, Володя, не надо всем можно смеяться и, добавлю, не надо всеми. И если Вы свою обиду на автора «Архипелага» хотите превратить в развлечение в 44 странах (к сожалению, сильно преувеличено. — *В.В.*), где переводят Ваше произведение, то — без меня.

Что касается основной темы книги — 2042 года, — то это скучно и, по-моему, ненаходчиво. Шутки типа «Пролетарии всех стран, подтирайтесь» и другие скабрезности такого толка, может, и греют души Ваших читателей-подростков, но вряд ли способны воздействовать на взрослых людей. Само качество смеха в этой книге — на низком, казарменном уровне. Все персонажи — все эти Дзержины и Берии в сознании перепутываются, это какие-то мелькающие схемы. Если вспомнить проникновенные модели будущего, представленные читающей публике Хаксли и Оруэллом (чего стоит хотя бы double thinking и «новояз»), то тут поражает бедность воображения, отсутствие подлинной мысли о будущем. Впрочем, может, Вы и не ставили себе этой цели, хотели осмеять день сегодняшний и вчерашний. Задача тоже, конечно, заманчивая, если удается ее решить.

В данном случае, по-моему, совсем не удалось.

За все годы нашей дружбы я видела от Вас обоих, Ира и Володя, только дружелюбие, заботу, тепло и радость. И вот пишу такое письмо. Мне тяжело его писать, Вам будет тяжело его читать. Но еще тяжелее мне думать, что Александр Исаевич после всего, что он пережил и совершил, дожил до Вашей книги и, может быть, даже ее прочел. В странном мире мы живем... Прощайте...»

Вот мой ответ:

«Дорогая Люша!

Красиво говоря, Ваша отравленная стрела достигла цели и ранила меня в самое сердце. Дело в том, что Вы относитесь к числу тех очень немногих людей, кого я любил и люблю. Вас даже и после этого письма, которое меня, конечно, больше чем задело, но не открыло в Вашем характере ничего нового... Мое отношение к Вам таково, что даже после этого Вашего сочинения я готов продолжить наши отношения, тем более что кроме этого романа я написал и собираюсь писать что-то еще, что, может быть, не вызовет в Вас такой бури. Но вы сказали «прощайте» и вряд ли склонны заменить это слово на «до свидания»...

Я не буду оспаривать Вашего мнения о художественных достоинствах моего романа, скажу только, что оно разделяется далеко не всеми. Возможно, роман слабый (с кем не бывает?). Да, это сатира на прошлое и настоящее, но и на будущее тоже. Я бы очень не хотел оказаться пророком, но боюсь, что реальное развитие событий пойдет по набросанному мною сценарию...

Над горем смеяться нельзя, над болезнью и даже смертью («Смерть чиновника») иногда можно, над болезнью общества можно и нужно, в некоторых случаях можно и нужно смеяться над верой, подвигом и величием и особенно над нашим отношением к этим и другим священным коровам. А над ханжеством и лицемерием? А над манией величия? А над глупостью?

Я о России думаю. И о живущих в ней тоже. А Вы (я это заметил не только сейчас) о нас если и думаете, то весьма превратно. Из некоторых Ваших прежних замечаний я сделал вывод (может быть, ошибочный), что Вы не чувствуете трагичности существования на чужбине. Вам наша жизнь здесь кажется беззаботным порханием с Канарских островов на Гавайские.

Когда я говорил, что не описывал Солженицына, я не лукавил, не было причины. Я описывал типичного идола, которых было много в русской и нерусской истории. Кстати, один перс сказал мне недавно, что моя книга никак не может быть напечатана в Иране, потому что в ней нарисован точный портрет аятоллы Хомейни и все детали его биографии: героическая борьба против шаха, ссылка, возвращение на белом коне и приобщение народа к вере (нельзя смеяться?) с помощью виселиц и пулеметов. Так вот Солженицын относится к породе перечисленных мною исторических лиц и тем самым не частное лицо, а явление.

Как явление Солженицын произвел на меня, как и на всех, очень сильное впечатление. Я восхищался им, как и вы. Он сделал очень много и навсегда вписал свое имя в историю, откуда его уже никто не вычеркнет. Но вот будет ли положительным его влияние на дальнейшее развитие событий, я не уверен. Он не только разоблачил систему, создавшую ГУЛАГ, но и пытается заменить ее идеологию другой, которая мне кажется достаточно мерзкой. И грозящей России новыми

116

бедами. Эта идеология отрицает единственно нормальный демократический путь развития, предпочитая ему какой-то просвещенный авторитаризм. Не случайно в демократической Испании он прославлял Франко, который был мягче, допустим, Сталина, но тоже диктатор. Солженицын переписывает историю (и не видно отличавшей его в прошлом преданности истине) и грешит позорным для русского писателя (и особенно сегодня) недоброжелательством к инородцам и евреям со сваливанием на них вины за все беды. Схема примитивна и смехотворна: марксизм пришел с Запада (но надо же подумать, почему он на Западе не укоренился), советская власть была спасена латышскими стрелками, а Гражданскую войну выиграли военнопленные чехи и венгры (а почему не Антанта? Если уж говорить об инородцах).

Когда одни люди упрекают Солженицына в антисемитизме, другие начинают кричать: «Где? Где? Укажите!» Укажу. Например, в «ГУЛАГе». На берегах Беломорканала он бы выложил дюжину еврейских фамилий начальников строительства. Защитники автора говорят: но это же правда. А я скажу: это неправда. Это ложь. Тогда в НКВД было много евреев, но и жертвами их были люди (не все, но много) той же национальности. Канал строили не перечисленные евреи, а Политбюро во главе с грузином (там был, конечно, и Каганович). Когда Солженицын, описывая

117

дьявольские козни революционеров, раскрывает псевдонимы, мы все (Вы тоже) знаем, что это значит. Если у него это значит что-то другое, то, зная аудиторию, ему следовало бы как-то свою мысль уточнить. В Америке он говорит, что если восторжествуют его идеи, то из России сможет уехать всяк того желающий на равных с другими. А вот сможет ли этот «всяк» там жить на равных с другими, почему-то не говорит. В одном из «узлов», описывая приготовления к убийству Столыпина, автор считает весьма существенным национальное происхождение убийцы.

Я не собираюсь подробно анализировать его теперешнее творчество, потому что многого уже не читаю, скучно. И трудолюбие не спасает. Сименон еще трудолюбивее — написал 500 романов. В манере держаться (публичной, а не частной) есть много такого, что напрашивается на пародию: безумное самомнение, лицемерие и ханжество. В полемике с оппонентами — передергивание...

...P.S. Забыл отметить важное. Суть всякой «карнаваловщины» состоит не в появлении время от времени идолов, а в создании общей атмосферы безусловного поклонения (она всегда основана на прежних заслугах). Эта атмосфера создается людьми честными и благородными, но используют ее другие. Честные, благородные люди создавали культы Ленина и Сталина. Чернышевский настоящим вождем не был, но властителем дум был, и эти «думы» тоже сыграли свою роль в последующем развитии событий.

ДОПОЛНЕНИЕ. Перечел Ваше письмо и свое и разозлился еще больше, хотя предложение забрать Ваше «прощайте» не снимаю. Однако есть еще разные соображения, которые расположу вне логического порядка, но по пунктам.

1. Вы узнали Солженицына в Карнавалове не только потому, что указан адрес, а потому что в Карнавалове есть комические черты Солженицына. Иначе бы Вы не обиделись.

2. Сатира только тогда сатира, когда замечает зло раньше других, даже тогда, когда зло кажется еще добром.

3. А как Вы относитесь к образу Кармазинова в «Бесах»? По-моему, очень удачный. А то, что он «списан» с Тургенева, меня не смущает.

4. Я помню, как одна дама, прочитав «В круге первом», бегала по Москве и говорила: теперь с Копелевым (в романе Рубиным) нельзя общаться, нельзя подавать ему руку. Считаете ли Вы, что Копелева можно сатирически изображать, а С-на нельзя? А почему? По чину?

5. А можно ли о живом человеке писать «мутно-пьяный Сац»?

6. Это надо было поставить на первое место. Роман мой не только о Карнавалове, но и о людях вроде Вас и меня. О создателях и выращивателях кумиров.

7. А если даже и Солженицын, то почему нельзя писать на него пародии? На всех можно, а на него нет? Я таких табу не признаю, и, кстати, мой роман против них. Вы можете сказать, что пародия неудачна, но вы же не на неудачу обиделись.

8. Над писателем смеяться нельзя, только если ему грозит тюрьма или он уже сидит в ней. Впрочем, идеи, рожденные в тюрьмах, тоже стоит высмеивать, иногда они слишком много бед приносят. Кампанелла, Ленин и многие в промежутке именно в тюрьмах свои идеи и вынашивали.

ДОПОЛНЕНИЕ 2

К тому, что я сказал о Солженицыне, следует добавить следующее.

Приехав на Запад, он сразу стал окружать себя людьми, чьи мышление и мораль на уровне Кабанихи. Он пишет свои «узлы», которые, как он считает, люди поймут через сто лет, хотя там и сейчас понимать нечего, но читать трудно. Окружающие хлопают в ладоши и утверждают, что эти скучные тома написаны с шекспировской силой (Струве) и лапидарным стилем (Кублановский). Эти окружающие (Струве, княгиня Шаховская и др.) раньше стеснялись высказывать свои мысли и идеи, теперь, вдохновленные поддержкой Самого, не стесняются. По той же причине не стесняются и некоторые отечественные («корневые») мыслители, о которых Сам сказал, что они лучше Тургенева и Толстого. Все эти люди проповедуют бредни, которые могут стать причиной новой чумы. Каждый, кому не нравится такое направление мыслей, а тем более книги или отдельные высказывания «Великого Писателя», немедленно зачисляется в разряд «облыгателей» России и, само собой, тех, кто оплевывает память погибших в лагерях. Советская пропаганда в подобных случаях спекулирует памятью 20 миллионов погибших на войне. Кстати, насчет его «великости» мы все в свое время тоже слишком погорячились. Он лицо историческое, но по художественным возможностям до великой литературы никак не дотягивает.

Борьба с противниками ведется самыми нечестными способами. Например, перед моим романом поставлены барьеры (с этой стороны), чтобы не допустить его проникновения в СССР. *В здешней жалкой печати (я имел в виду «Русскую мысль». — В.В.) не пропускается ни одно доброе или нейтральное слово, даже из платных объявлений книжных магазинов вопреки здешним законам мое имя вычеркивается. Так правду не защищают. Так защищают только неправду.*

Ваше пылкое письмо продиктовано одним давно уже разоблаченным, вредным и ставшим источником многих несчастий убеждением, что нам нужна та правда, которая нам нужна. И Вам так сильно хочется, чтобы правда была такой, какая Вам нужна (или

121

хотя бы сколько-нибудь на нее похожей), что Вы становитесь на сторону неправды.

Мне жаль, что Вы не спали несколько ночей, но я советую Вам не поспать еще несколько, посмотреть правде в глаза и увидеть ее такой, какая она и есть.

До свидания. Один мой герой, поссорившись со своей дамой, заканчивал свои письма: «С приветом к вам, не ваш Иван».

Пока я отвечал Елене Цезаревне, пришло письмо и от Лидии Корнеевны, которая сама была для меня личностью тоже почти культовой. Она человек чистый, честный, прямой и высокого благородства, именно поэтому ее реакцию, как ничью другую, можно считать признаком болезни общества. Пытаясь защитить неосознанную ею неправду, она приводит ложные доводы и невольно (тоже того не сознавая) начинает пользоваться нечестными (а других просто нет) приемами полемики. Я печатаю ее письма как есть, со всеми высказанными мне комплиментами и оценками противоположного свойства.

«Дорогой Владимир Николаевич.

Думаю, что Степанида — русская или любая, международная — есть не только персонаж, но и адресат и вселенский потребитель Вашей книги. Представьте себе иные обстоятельства: Степанида служит не у писателя с мировым именем, а у любого, даже самого скромного «работника умственного труда».

Естественно, такой тетеньке, как Степанида, всякий умственный труд и всякий быт, этим трудом продиктованный, этому труду подчиненный, — противен, непонятен, противопоказан, постыл. Зачем хозяин день за днем, упорно: сначала молится Богу, потом садится за рабочий стол и протирает штаны и гнет спину с утра до ночи? Зачем? Денег у него вволю, мог бы дома кутнуть или съездить куда-нибудь «на курорт». Ежевечерне хозяин слушает музыку — не может, видите ли, не послушав музыки, уснуть. Ну, добро бы, слушал рок, джаз, блюз или, куда ни шло, «Подмосковные вечера», а то скучища — Бах!

«Для лакеев нет гениев» — поговорка, требующая поправки. Дело тут не в титуле: гений. Гений или не гений, талант большой или малый, а для «стоокого глупца» любая одухотворенность презренна, смешна и скучна. У него, у благоразумного глупца, другие потребности.

(И вся эта критика, весь этот пафос ложны. Во-первых, в литературе на гения можно смотреть глазами лакея, и это будет нормальный литературный прием. Во-вторых, упомянутая Степанида — конечно, комический образ — не просто лакей, а агент КГБ, выполняющий особое задание, и письма ее зашифрованы. В-третьих, опять-таки служит она, вымышленная, у вымышленного Сим Симыча Карнавалова, а тот слушает Баха исключительно по вымыслу автора. А слушал ли Баха Александр

*Исаевич Солженицын, я не знаю. Я знаю, что слушал койотов. — **В.В.**)*

Последняя Ваша книга адресована вовсе не мне, а потому, быть может, я не вправе судить о ней. Но, по долгу дружбы и товарищества, осмеливаюсь. Книга представляется мне произведением грубо-сколоченным, грубо-похабным, с тяжеловесными потугами на остроумие. Ошеломляет отсутствие фантазии. Размышляя о будущем, Вы рисуете сталинщину в квадрате, умножаете ее на русский окаянный шовинизм *(у меня там не сталинщина, а русского окаянного шовинизма и вовсе нет. — **В.В.**)* и из этого несложного арифметического действия выводите будущее России. На самом же деле оно не представимо, не предрекаемо и, во всяком случае, не таково.

Человеческая Ваша позиция — Ваша, любимого мною писателя Владимира Войновича, глубоко меня огорчила. Читаешь и диву даешься! Какая короткая память! Вы пишете о великом художнике, о создателе новой русской прозы (а значит, и нового мышления миллионов людей) *(вот они, культовые преувеличения! — **В.В.**),* пишете о нем как о ничтожестве: не то он Хлестаков, не то Аракчеев. Точнее: Хлестаков и Аракчеев в одном лице. Вы забыли, ч т о этим человеком совершено при нас и для нас — внутри наших душ и собственной Вашей души. Никакие его заблуждения, падения, ошибки не заслоняют высоты, взятой им, небывало высоких высот: Архипелаг, Правая кисть, Матрена, Иван Денисович, Кречетовка... Вспомните советское общество: до Солженицына и после Солженицына. И вспомните его самого: при чем тут Хлестаков и Аракчеев?

*(Совершенно ни при чем. Карнавалов не похож ни на того, ни на другого. Л.К. спорит с собственным вымыслом. — **В.В.**)*

Ахматова говорила о Блоке: Александр Блок не есть человек такой-то эпохи, а сам он — человек-эпоха. «Человеком-эпохой» можно счесть и того, кого Вы попытались осмеять и унизить. С Александром Александровичем жестоко спорили. Друзья отворачивались, кое-кто и руки ему не подавал (после опубликования «Двенадцати»). Но ни одному человеку не пришло на ум высмеять Александра Блока. Чуяли: смех, как бумеранг, отскочит от трагедии и сделает смешным — рассмеявшихся *(приходило на ум и не отскакивало. — **В.В.**)*. Можно ли спорить с эпохой? Можно и должно. Вы, житель свободного Запада, полемизируйте с Солженицыным, опровергайте его суждения, его мысли, оспаривайте его исторические концепции. Если они представляются Вам ложными... *(Литературному человеку следовало бы понимать, что суждения мысли и исторические концепции, которые кажутся ложными, можно высмеивать и это тоже форма полемики. И даже наиболее действенная форма. — **В.В.**)*

125

...И еще. Я всегда дивилась Вашему мужеству. Вы человек чести, человек смелый. Как бесстрашно держались Вы здесь «на переднем крае», всегда с открытым забралом. Что же теперь? Вас спрашивает какой-то газетчик, имели ли Вы в виду в своей книге Солженицына? Вы отвечаете мутно: нет, это просто обобщенный образ, сгусток фантазии. Не понимаю. Ведь то, что теща героя зовется в действительности Фердинандовной, а в книге у Вас — Казимировной, ровно ничего не меняет.

Мишень — ясна. «Как вы, однако, наивны! — посмеивается надо мной заезжий иноземец. — Да ведь если бы Войнович рискнул назвать по имени того, кого затронул, да еще и семейство затронул, — Солженицын мог бы подать на Войновича в суд за диффамацию. А так — концы в воду! Солженицын не имеет оснований»...

Умно, ничего не скажешь. Но — благородно ли?

Если Вы в силах — простите мне мою резкость. Вызвано это письмо не злобой, а болью. Да и какая же дружба без прямоты?

С горечью, но и с надеждой на преодоление «психической дали»

Лидия Чуковская

24/Х — 87

Москва»

За меня горячо вступилась моя жена Ирина:

«Мюнхен, 18 декабря, 1987

Дорогие Лидия Корнеевна и Люша!

Несмотря на то что Володя написал довольно много, все же хочу добавить еще немного от себя.

Во-первых, мне показалась немного странной и надуманной эта глобальная идея о Степаниде: она и персонаж, она и «адресат и вселенский потребитель» этой книги. Вы явно преувеличиваете значение Степаниды и как персонажа, а уж как читателя, во всяком случае; не думаю, чтобы Степаниды читали книги вообще, тем более такого рода. Володя уже написал Вам, что у нас много откликов на книгу, как здешних, так и из Союза, причем это вовсе необязательно такие чисто политические имена, как Джилас или Авторханов (хотя они оба и в жизни, и в книгах интересные и умные люди), но среди отозвавшихся о книге самым лучшим образом я могу перечислить самых разных людей: писателей, критиков, музыкантов (известные Вам Ростропович и Вишневская тоже среди них), русских, американцев, англичан, евреев и прочих, и никого из них даже с большим допуском я никак не могу назвать Степанидой, так же, как не могу назвать Степанидой Бена Сарнова, себя, известного английского писателя и критика Малколма Бредбери, статью которого о романе в «Нью-Йорк Таймс Бук Ревью» я Вам посылаю и очень прошу прочесть только для того, чтобы узнать, что есть

127

другие люди, другие представления о жизни и искусстве, что, может быть, Вы оттуда не все видите и понимаете (или не хотите видеть и понимать?). Посылаю Вам еще с той же целью кусок из письма Льва Консона, удивительного человека и писателя, которого мы оба очень ценим.

Теперь о недостатках романа, которые Вы в нем только и видите.

Может быть, не надо было называть тещу Карнавалова Казимировной (*согласен.* — **В.В.**), необязательно было заставлять его учить словарь Даля (*почему бы и нет?* — **В.В.**), но случилось это оттого, что Солженицын сам превратился в такую пародию на себя, что от этого было трудно удержаться. Вы, Лидия Корнеевна, пишете, что «смех, как бумеранг, отскакивает от пародируемого или высмеиваемого персонажа и делает смешными — рассмеявшихся». Возможно, что с Блоком так и было. Но в данном случае сама реальность — свидетель Вашей неправоты. Карнавалов, безусловно, смешон, и сотни людей говорили нам, что они смеялись в голос, читая, например, сцену репетиции въезда на белом коне в Отрадном. И я им охотно верю, потому что и сама смеялась в голос, когда ее читала, причем это было со мной не один раз. Может быть, это оттого, что я Степанида? Не думаю. Когда Вы пишете об отскакивании смеха, Вы показываете свое не очень близкое знакомство с сегодняшней реальностью: Солженицын сегодня смешон, смешны его напыщенные интервью, его мессианство, его претензии на создание новой литературы в виде колес, смешна вообще его неадекватность действительности. Но, конечно, об этом не стоило бы писать вообще, если бы это был только частный его случай. Несмотря на то что элемент пародии в образе Карналова присутствует, и довольно сильно, это все-таки, действительно, собирательный образ, здесь нет никакой неправды, писатель описывает «карнаваловщину» — весьма типичное и частое в России явление. Неужели Вы думаете, что писатель Войнович стал писать бы только пародию на писателя Солженицына, каким бы тот ни был; да что ему с ним делить в конце концов? Ведь даже когда он писал документальную повесть об Иванько, и тогда в этом было обобщение, и Вы тогда это хорошо понимали, почему же не видите того же сейчас?

«Карнаваловщина» опасна в русской жизни не только и не столько из-за самих Карналовых, а еще больше — из-за толпы горячих поклонников и последователей, нуждающихся в «великом» и «величайшем», гении всех времен и народов и т.д. Писателю Войновичу не нравится этот высокий штиль, он кажется ему одновременно и смешным, и опасным, и я его вполне понимаю.

Если уж говорить о высоком стиле, то мне кажется, что в строчках, написанных о Солженицыне Вами, Лидия Корнеевна, тоже слишком много пафоса. Да, Вы совершенно правы, лучшее, созданное художником, остается все равно, несмотря на то что происходит потом. И потому в моей душе, действительно, навсегда остался и «Иван Денисович», и лучшие страницы «Круга» (не все, что Вы перечислили), так же, как осталось множество замечательных созданий русской литературы, в числе которых и «Записки об Анне Ахматовой». Но думать сегодня о советском обществе до Солженицына и после Солженицына, считать, что без него не произошло бы тех изменений, которые произошли, что без него история пошла бы другим путем? Нет, я так сейчас этого не вижу.

Еще одно, что меня удивило от Вас, — о смелости. Володя уже писал Вам, что здесь за писание пародий в тюрьму не сажают, так что Вы напрасно доверились толкованию заезжего иноземца. Все американские, допустим, критики (из иноземных стран роман был напечатан пока только в Америке) так или иначе упоминали имя прототипа, но повестки из суда мы пока не получили. Нет никакой опасности сказать в интервью «газетчику», что у Карнавалова есть такой-то прототип, и Володя много раз делал это. Но главное для него — что он отразил в этом образе явление, кажущееся ему важным и опасным, и это же он сказал в цитируемом Вами интервью. Вы пишете: «Я всегда дивилась вашему мужеству.

Вы человек чести, человек смелый. Как бесстрашно держались Вы здесь, на переднем крае, всегда с открытым забралом. Что же теперь?» Вот и я спрашиваю: что же теперь? Неужели Вы и впрямь можете представлять себе дело так, что вот теперь этот «человек чести» написал грязный пасквиль на «человека-эпоху» и трусливо юлит в интервью с каким-то жалким газетчиком? Не слишком ли все это не вяжется с представляемым Вами прежде образом? И почему не могли Вы почувствовать, что написать такого Карnavalова — это и есть самая настоящая смелость, и наверное, литературная, художественная даже больше, чем человеческая? Я пишу об этом вовсе без всякого восхищения, потому что эта его смелость и дерзость часто играли роковую роль в его (и моей) судьбе. Я просто констатирую факт его характера, его личности, качества его литературного дарования. Я совершенно уверена, что, насколько смелым было в свое время создать образ солдата Чонкина, настолько же смелым является сегодня и образ Карnavalова — Серафима I.

И наконец, последнее. Вы не увидели в романе совершенно никаких достоинств. И образов нет, и будущее описано не то, и шутки плохи, и язык груб. Ну что ж, можно было бы, конечно, возразить на это, что и образы есть (тот же Карnavalов или Зильберович), и многие наши знакомые цитируют роман кусками, как цитировали когда-то «Чонкина», а что касается образов комунян, то здесь автор писал не характеры, а систему, к которой приходит вырождающееся общество. И это у него вполне получилось. Можно сказать еще, что писатель вовсе не ставил себе цель написать новую утопию, предсказать будущее нашей родины, на Ваш взгляд — «непредставимое и непредрекаемое». Автор писал, скорее, антиутопию, основанную не на загадочном и непредставимом будущем, а на вполне реальном настоящем, и пытался, как мог, предостеречь общество от такого развития. На мой взгляд, это ему удалось. Мне нравятся в романе и другие вещи, скажем, сюжет романа в романе, конец романа и многое другое, но сейчас писать об этом не буду.

Вот, кажется, и все. Я очень надеюсь, что никак Вас не обидела, желаю Вам всего самого лучшего. Ваша Ира».

Опять я — Лидии Корнеевне:
7.12.87

«Да, Вашу резкость я Вам прощу. Если даже мы окончательно поссоримся и прекратим отношения (по Вашей инициативе), я своего общего мнения о Вас как о замечательной писательнице и летописице (неологизм), человеке чести, мужества и благородства не изменю. А свое мнение о Солженицыне я изменил, и изменил радикально. Мужества без благородства я не уважаю. Напрасно Вы, Лидия Корнеевна, изображаете меня таким хитроумным избегателем (слово в духе моего героя) судебного преследования за диффамацию. Если бы я даже сказал публично, что написал пародию на Солженицына, здесь за это в тюрьму не сажают. Но я изобразил — что в который раз повторяю — Сим Симыча Карнавалова, и как раз утверждать, что это есть Солженицын, было бы неблагородно и глупо. Некоторым даже очень достойным людям (например, М. Джиласу, А. Авторханову, М. Ростроповичу) роман нравится, и я этому рад. Вам не нравится (и не мог понравиться), и я перед этим смиряюсь. Но Ваш суд — не последняя инстанция. Пройдет время, люди будут читать роман, а выискивать прототипов будут литературоведы.

Кончу тем, с чего начал. Я Вам Вашу резкость прощаю и прошу простить мне мою. Вам мой роман не нравится, но я от него отказываться не собираюсь. Мы можем к этой теме больше не возвращаться, остаться по этому поводу в полном несогласии, но сохранить добрые отношения. Но все будет зависеть от Вас. В любом случае мое общее мнение о Вас не изменится, но огорчение будет. Впрочем, уже и есть. От всей души желаю Вам здоровья, работоспособности и вообще всего доброго.

В. Войнович

P.S. В свое время не сообщил Вам, что открытку Вашу мы получили и порадовались, что она написана мелким (значит, различаемым Вами) почерком. (Незадолго до того Л.К. была сделана операция на глазах. — **В.В.**)

P.P.S. У моего романа есть по крайней мере одно несомненное достоинство — очевидное слияние с жизнью. Как в романе персонажи пытаются вычеркнуть Сим Симыча, так и за пределами романа. Но, как сказал рассказчик, «Вас, Ваше Величество, и топором-то не вырубишь».

Лидия Корнеевна — Ире:

«21.1.88.

Нет, дорогая Ира, вы меня не обидели. Но и ни в чем не убедили (относительно романа). А насчет меня — конечно же, Вы правы. Вы пишете «...может быть, Вы оттуда не все видите и понимаете?» Отвечаю: дело обстоит гораздо хуже: ни-че-го отсюда туда я не вижу и не понимаю. Догадываюсь о некоторых «политических аспектах», как принято сейчас выражаться, но в литературных, общественных, нравственных — не понимаю ровно ничего. Охотно признаюсь в своем провинциализме.

Здесь вижу часто людей, здешних, которые не любят Солженицына, винят его во всех смертных грехах, но таких, которым он казался бы смешным, не встречала. Повторяю своим прежним высоким стилем, столь Вам неугодным и для Вас, повторяю, тоже смешным: да, Солженицын совершил огромный переворот в общественном сознании; да, «Архипелаг ГУЛАГ» несравненное художественное произведение (в особенности т. 3-й); да, страницы «Архипелага» надо учить наизусть в средней школе, как, например, учили когда-то «Чуден Днепр при тихой погоде» или еще что-нибудь классическое. Иностранцам простительно видеть в «Архипелаге» только сенсационные открытия, я же вижу в нем открытие художественное, это новая небывалая русская проза (в особенности 3-й том, например, «Сынки с автоматами»), небывалая по емкости слов, по новизне и сжатости слога, по интонации, по синтаксису. Впадаю в очередной пафос: после Пушкина по степени сжатости так никто не писал... Выспренно, смешно, старомодно?.. Ничего не поделаешь, Ирина, «я здесь стою и не могу иначе».

Вот тут и пролегает между нами черта.

Я с глубоким уважением, с преклонением даже отношусь к очеркам Шаламова, героизму и мученичеству Шаламова. Люблю некоторые его стихи. Но сравнивать очерк с прозой не годится. Это то же, что сравнивать Гоголя с Глебом Успенским (которого ценю высоко). «Солженицын сегодня смешон» — пишете Вы. Ну, это как кому. Смею думать, что и Вы оттуда не совсем ясно видите здешнюю сегодняшнюю реальность. Иначе, я убеждена, Владимир Николаевич избрал бы для своего остроумия и другую реальность (не клозетную), и другой тон, и, главное, другую мишень».

Первая часть письма
отчеркнута жирной чертой,
затем обращение ко мне.

Но прежде пояснение. В одном из утерянных моих писем я напомнил Л.К. ее рассказ о том, как однажды Солженицын побил какого-то пьяного. Мне помнилось, что пьяный подошел к Солженицыну и сказал ему: «Эй ты, борода!», за что получил «под дых» и рухнул, потеряв сознание. Оказывается, кое-какие подробности я не знал, а Лидия Корнеевна уточняет:

«Дорогой Владимир Николаевич. Эпизод, мною рассказанный, Вы запомнили не совсем точно. А в этом случае каждая деталь существенна. Я перечитала свою старую запись в дневнике. Дело было так. Шла я по улице Горького сверху, от Пушкинской площади, домой. Мена нагнал Солж., кот. жил у нас. Взял под руку. Мы пошли к дому. Возле нашей арки на улице всегда толпится народ, п.ч. там 3 — 4 телефонные будки. Ал. Ис., памятуя о моей близорукости, вел меня тут с особой осторожностью. К нам подошел верзила и сказал: «Эй ты, борода, дай 2 копейки, а то в морду дам». Я не знаю, были ли у А.И. две копейки, но, разумеется, в ответ на «Эй ты!» он не мог их дать. (А вы в ответ на «Эй» — дали бы? Сомневаюсь.) Первая его забота была обо мне: «Л.К., пройдите под арку на 5 шагов». И я послушно отошла. Отойдя, сообразила, какая я дура, п. ч. время было для

136

него тогда самое опасное. Провокации мы ожидали каждую минуту, и надо было не уходить в двор, а, наоборот, присутствовать. Сообразив это, я со всех ног помчалась на улицу... Верзила сползал со стены, ударенный не то в грудь, не то в живот — не знаю. Ал. Ис. взял меня под руку, повел во двор и напомнил: «Осторожно, тут ступенька»...

(Не удержусь от маленького комментария. В первом варианте рассказа, услышанном мною много лет тому назад, слово «верзила» мне не запомнилось, оно появилось, чтоб стало страшно, когда Л.К. поняла, что этот эпизод может быть воспринят без восхищения. Тогда же она сама себя подвергла цензуре и упустила из виду, что «верзила» был сильно пьян. Она, возможно, не знала, но народный писатель должен бы знать, что выражение типа: «Дай 2 копейки (или что-то другое), а то в морду дам» — распространенная в народе грубая шутка: «Дай, а то дам». В ответ на шутку я просимое, может быть, и не дал бы, но и с приемами карате вряд ли бы поспешил, если бы даже владел ими. Во мне рассказ Л.К. в первом варианте, когда я еще почитал Солженицына, вызвал чувство сильного разочарования, как у толстовского героя в «После бала», а во втором — просто отвращение. — В.В.)

Я жила под одной крышей с Солж. — то на даче, то в городе — несколько (с перерывами) лет. Более деликатного, заботливого жильца никогда не видела. Свой распорядок жиз-

137

ни, свой режим он оберегал непреклонно и педантически, но и мой, и Кл. Изр., и нашей работницы тоже. Каждый день дивилась я его наблюдательности, его такту — среди людей ему чужих, а во многих отношениях чуждых. Примеров деликатности и заботы у меня в памяти столько, что я не приведу ни одного... Один раз я заметила, он ходит по кухне, хромая, одна нога в носке и тапочке, другая — в носке. Оказалось: натер себе ногу тесным башмаком, показал мне зелено-желтый нарыв выше пятки... Ушел к себе работать. Часа через два вижу его в передней, в куртке, в сапогах. «Вы куда?» — «В город. Аля позвонила: Степка болен». — «Да и как же вы надели сапог? На рану?» — «Надел». — «Ну что же, я желаю вам встретить такси». — «Это зачем?» — «Чтоб ногу поберечь». — «Я на такси дал зарок не ездить. Дойду до электрички, а там метро». Соединение нежности, силы, собственного достоинства, самоотвержения и огромного художественного дара и феноменального труда — и это все Карнавалов, и на белом коне, а главная опасность — стаи поклонниц вроде меня!..

(Кстати, мои письма к С., когда мы еще переписывались, — сплошная критика его взглядов, к каковой, т.е. к критике — призываю я и Вас... *(Была охота. — **В.В.**)* Но никогда не заставите Вы меня рассмеяться над этим величием и этой судьбой.) Тот полупьяный темный верзила сказал С-ну: «Эй, ты, борода!» А Вы, замечательный писатель, деятель русского демократического движения, Вы, Владимир Войнович, изобразили какого-то хамоватого человечка, мелкого деспота, который «много о себе вообразил», и радуетесь успеху изображения и общему хохоту. Верзила не знал, кого оскорбляет, а Вы — Вам следовало бы знать. Так мне кажется, так мне желается — ради Вас, ради себя, да и ради него.

Снова прошу — если можете — не сердитесь.

Л. Чуковская»

Наша полемика окончилась миром,

но не согласием. С тех пор, как это стало возможно, мы возобновили наше общение лично и по телефону, спорной темы старались не касаться, но нет-нет да и сворачивали на старую дорожку. Не признавая своей неправоты, Л.К. становилась все более миролюбивой и, очевидно, чувствуя неубедительность прежних своих аргументов, прибегла к последнему доводу, который употребляли и другие мои критики. В литературе есть иерархия, и, критикуя кого-то, я должен помнить, кто я и кто критикуемый. Я обычно этот аргумент оспаривал всерьез, но одному маленькому литератору сказал с нарочитым высокомерием: «Если я должен знать разницу между Солженицыным и собой, то и вам следует подумать о разнице между мной и вами и не давать мне указаний, что и как я должен писать».

Лидия Корнеевна прямо мне на мое место не указывала, но во время нашего последнего, кажется, разговора рассказала притчу из личной жизни.

Маленькая девочка, девяти лет, она однажды в каком-то коридоре встретила Блока и не знала, как быть — поздороваться с ним или нет. «Ведь если я с ним поздороваюсь, — думала она, — то тем самым он будет вынужден посмотреть на меня и вспомнить, что есть такая девочка Лида, и как-то отреагировать на мое появление перед глазами. А вот имею ли право я, маленькая девочка, привлекать к себе внимание столь великого человека?» В такой мягкой форме она хотела указать мне на мое место, на что я ей ответил, что я не маленькая девочка, а старый дядька и вообще имею право судить обо всем, что есть в пределах моей компетенции, — о Толстом, Шекспире, Блоке или Солженицыне, к тому же в последнем случае (повторяюсь) никакой недосягаемой вершины перед собою не вижу.

Поэтом можешь ты не быть...

Если можешь не быть, не будь. А вот гражданином, это многие из нас с детства заучили, обязан. Но гражданская доблесть просто понималась — при любых обстоятельства резать начальству в глаза правду-матку. Жить не по лжи. Рискуя тем, что понизят в должности, уволят с работы или даже посадят в тюрьму. Но, оказывается, говорить правду власть имущим — это еще полсмелости. А как жить не по лжи, в иных ситуациях и не разберешь. Как вести себя независимо от власти и от того, что называется обществом. В те, например, времена, когда в нем входят в моду революционные или прогрессивные (им в разные времена разное дается название) идеалы и общество зовет вас к подвигу, требует не дорожить чересчур ни собой, ни семьей, а вы мнетесь, вы ежитесь, вам стыдно, что вы немедленно, вот в сей же момент не совсем готовы легко взойти на костер и гордо погибнуть с каким-нибудь подходящим к случаю пламенным словом или задорной песней.

На российской почве общество и власть редко жили в согласии. Но бывали времена, когда отношения особенно обострялись, когда все общество — то есть наиболее просвещенная и не лишенная чувства совести часть народа — особенно враждебно относилось к существующему режиму. Возникала трещина, которую невозможно было замазать. Твердость власти вызывала негодование и побуждала общество к активным действиям, а готовность к уступкам воспринималась как слабость и подталкивала к тому же. В 60-х годах XIX века кто-то из молодых революционеров (кажется, Герман Лопатин) написал в письме Александру Второму (цитирую по памяти): «Ваше Величество, если Вам придется где-нибудь встретить молодого образованного человека с умным лицом и открытым взглядом, знайте — это Ваш враг». То же самое мог написать сто лет спустя молодой человек Брежневу, хотя обстоятельства и адресаты очень отличались друг от друга. Царь Александр Николаевич был смелым реформатором, а коммунист Брежнев — тупым и тщеславным, дорвавшимся до царских высот партийным функционером.

Когда общество (справедливо или не совсем) единодушно противостоит государству, члены общества делятся приблизительно на исповедующих, проповедующих и действующих. Первые, исповедуя модные для этого времени общественные идеи, где-нибудь в гостиных (или в советское время на кухнях) поругивают власть, мечтают о переменах, но ничего лично для перемен не делают. Другие выражают свое недовольство погромче, призывают людей не мириться с существующими порядками. А третьи и говорят, и призывают, и действуют. Выходят на площади, идут в народ, печатают листовки или поступают еще покруче, платя за свое поведение свободой и жизнью (сначала своей, потом своей и чужой, потом только чужой). В такие времена эти люди становятся в обществе наивысшими моральными авторитетами. В их присутствии и на фоне их жертвенного служения идеалам тем, чье свободолюбие за пределы кухни не выходит, бывает стыдно. Им их собственная работа в любой области, даже в искусстве и науке, забота о себе и семье начинает казаться мелкой, не очень-то нужной человечеству суетой и недостаточным аргументом для оправдания своего эгоистического благоразумия. Зато перед героями гражданских битв они преклоняются, примерно как во время большой войны тыловики перед фронтовиками. Они смотрят на героев с восхищением, не замечают их недостатков, а главных возводят в ранг властителей дум и моральных авторитетов, которые своими подвигами заслужили право судить-рядить обо всем, указывать другим, как им жить и что делать. Мне за примерами далеко ходить не надо, меня (я уже об этом не раз говорил) постоянно учили, что, как и о чем я должен писать, герои войны, генералы, космонавты и передовики производства (теперь и попы включились). И диссиденты, конечно, тоже. Некоторые.

К правдолюбцам и правозащитникам, к тем людям, которые выступали против режима решительно и бескомпромиссно, я относился с заведомым пиететом поначалу ко всем подряд. Потом стал различать, что среди них были:

а) крупные личности (Сахаров, Григоренко, Орлов, Буковский, Амальрик, Турчин и другие), вступившие на этот путь, потому что

143

не могли молчать, а не потому, что ничего не умели другого;

б) наивные и бескорыстные, но пустые романтики;

в) рассчетливые дельцы, сообразившие, что и на диссидентстве, умело действуя, можно сделать карьеру;

г) глупые, напыщенные и просто психически нездоровые, вступившие в борьбу по неспособности к рутинному ежедневному труду, вместо которого может быть краткий миг подвига и — жизнь оправдана.

У многих тщеславие было первопричиной их поступков: где-то что-то дерзкое сказал, советскую власть обругал, Брежнева назвал палачом, и вот о тебе уже трубят наперебой все западные «голоса». Помню, один диссидент с гордостью мне сказал: «Вчера забугорные радиостанции шесть раз обо мне говорили». В искателях быстрой славы легко развивалось чувство превосходства над другими людьми, которых они готовы были судить непримиримо. Я помню, как доставалось Булату Окуджаве от очеркиста Марка Поповского за то, что он не становится в ряды борцов и продолжает петь свои негромкие песенки. Одна диссидентка в Париже отказалась пойти на концерт Окуджавы по принципиальным соображениям. «Вот если бы я знала, — сказала она, — что он выйдет на сцену, ударит гитарой по трибуне, разобьет ее и скажет, что не будет петь ничего до тех пор, пока в его стране правят коммунисты, тогда бы я, конечно, пошла». Окуджава был человек совестливый, его очень ранили подобные попреки, и, может быть, ему и хотелось иногда разбить гитару, но, слава богу, он этого не сделал.

Я, повторяю, диссидентом был (правда, ступил на эту дорожку не сразу и неохотно), поэтому меня конформизмом корили пореже, но корили. А когда корили, я, бывало, молча или не молча, соглашался. Помнится, приходил ко мне один правдолюбец из города Боброва Воронежской области, шарил по стенам глазами: «Владимир Николаевич, а вот у вас квартира-то хорошая. Такую квартиру ведь не каждому дают и не зазря». И я молча это терпел: да, конечно, квартира хорошая, двухкомнатная, целых тридцать пять метров, разве зазря такую дадут? Подобные укоры я часто сносил молча. Но бывало и не сносил.

Однажды, в 1973 году,

я приехал на только что купленных «Жигулях» к поэту Науму Коржавину, который недавно получил квартиру где-то на Юго-Западе, в районе новостроек. Получил и собирался оставить, поскольку уже готовился к отъезду в Америку. В тот вечер на кухне у Эмы (так мы все его звали, а имя писали через одно «м») собрались сравнительно молодые бунтари. Некоторые из них уже прославились тем, что выступали в чью-то защиту, писали советским властям резкие письма, занимались распространением «самиздата» и подверглись гонениям. Кого-то из них исключили из партии или даже уволили с работы, а одна из этой компании была уже признанной героиней: первый срок отсидела и готовилась ко второму. Поэтому другими гостями, еще не хлебнувшими тюремной баланды, ее пылкие речи выслушивались с особым вниманием и почтением, хотя плела она с апломбом несусветную чушь. Я о ней как-то писал, но рассказал только о начале нашего общения, когда мы не сошлись во взглядах на события столетней давности. Эта дама, когда зашла речь (почему-то) о народовольцах, стала возбужденно выкрикивать:

— Ах, эти народовольцы! Ах, эта Перовская! Если б я жила в то время, я бы задушила ее своими руками.

Тут я не выдержал и вмешался. Я все-таки написал о народовольцах целую книгу и находил много сходства между ними и диссидентами нашего времени.

— Вы на себя наговариваете, — сказал я. — Перовскую вы бы душить не стали.

Женщина возбудилась еще больше.

— Я? Ее? Эту сволочь? Которая царя-батюшку бомбой... Клянусь, задушила бы, не колеблясь.

— Да что вы! — сказал я. — Вы себя плохо знаете. В то время вы не только не стали бы душить Перовскую, а, наоборот, кидали бы вместе с ней в царя-батюшку бомбы.

Она ожидала любого возражения, но не такого.

— Я? В царя-батюшку? Бомбы? Да вы знаете, что я убежденная монархистка?

— Я вижу, что вы убежденная монархистка. Потому что сейчас модно быть убежденной монархисткой. А тогда модно было кидать в царя-батюшку бомбы. А уж вы с вашим характером точно оказались бы среди бомбистов.

Вскоре я собрался ехать домой, и меня попросили довезти эту монархистку хотя бы до метро. Она села на заднее сиденье, и мы поехали. Был февраль, стужа, метель, гололед. Мы ехали из района новостроек. Между ним и обжитой частью города лежал бескрайний и дикий пустырь. Ни спереди, ни сзади, ни справа, ни слева не видно было ни огней, ни машин, ни людей, ни собак, да и дорога временами исчезала под пеленой поземки. А в моих «Жигулях» посреди этого мрака было тепло и уютно, мирно мерцали циферблаты приборов и играла негромкая музыка. Моя пассажирка, пригревшись сзади, сначала, кажется, прикорнула, а потом, проснувшись-потянувшись, спросила сонным и вкрадчивым голосом: «Скажите, а во сколько вам обошлась ваша машина?» Я сделал вид, что не понял подтекста, и ответил: «Эта машина стоит пять с половиной тысяч рублей». «Нет, — сказала она, — я не об этом... — а я и не сомневался, что не об этом...— я спрашиваю, сколько вы за нее платили своей совестью?» Я затормозил осторожно, не выжимая сцепления. Машина метра полтора проползла юзом и остановилась, упершись колесом во вмерзший в дорогу кирпич. «Вы можете выйти, — сказал я, — чтобы не платить совестью за эту поездку». «Я вам заплачу деньгами», — сказала она и, кажется, стала рыться в своем кошельке. «Нет, нет, — возразил я. — Деньгами не берем, берем только совестью». Она помолчала, потом осторожно спросила: «А отсюда далеко до метро?» — «Не имею понятия. Вы можете выйти и спросить. Если кого-нибудь встретите». Она сидела, молчала и покидать машину не торопилась. Конечно, можно было б над ней еще поизмываться, но я подумал: а вдруг обидится и выскочит из машины? Ведь не смогу же я здесь ее бросить, придется бегать за ней по пустырю.

— Ну ладно, — смилостивился я, — поедем дальше.

Но, правду сказать, не всегда

я столь решительно отвергал такие попреки. Не всегда хватало смелости. Года за три до описанного времени, а точнее, в июле 1970 года, позвонил мне Петр Якир и, немножко ерничая, изображая сталинский грузинский акцент, сказал: «Знаешь, к тебе сейчас приедет адын очень хороший дэвочка с адын очен важный бумага. Ну она тебе все объяснит».

В те дни жара в Москве стояла невероятная. Ко мне приехала из провинции моя мама. Врачи нашли у нее в животе огромную опухоль, подозревали, что это рак в самой последней стадии и вряд ли операбельный. А вместе с мамой приехали папа и сестра Фаина. И все мы впятером (еще я и моя жена) сидели в нашей тогда однокомнатной квартире типа мансарды под раскаленной крышей. Мы сидели, томясь от жары, неопределенности и от всех свалившихся на нас несчастий.

Меня именно в то время в очередной раз собирались исключить из Союза писателей, и уже велась подготовка к моему «персональному делу». Тем не менее известный моим читателям союзписательский начальник Виктор Николаевич Ильин обещал написать официальную бумагу, чтобы мою маму, иногороднюю и без прописки, взяли в больницу Министерства путей сообщения, где ее обещали срочно и на высоком уровне обследовать. И вот мы сидим впятером под крышей, потные, прибитые горем, и тут является «адын дэвочка», лет двадцати, дочь известного академика, пламенная той поры диссидентка, и предлагает мне подписать какое-то воззвание. Я не могу ей не отказать, но пытаюсь объяснить, как есть. Понимаете, моя мама... ей надо в больницу... Мне обещали дать бумагу... Но если сегодня моя фамилия опять прозвучит по Би-би-си или «Голосу Америки», мне эту бумагу не дадут...

Я до сих пор помню, как эта страстная революционерка облила меня презрением, как, отступая к двери, она жалила меня своими черными глазами и говорила: «Ах, вам бумагу не дадут! Не дадут бумагу! Люди гибнут, а вам не дадут бумагу! И не стыдно вам? И не стыдно?» И я помню, что мне было стыдно, и я что-то мямлил, опустивши глаза. И с тех пор каждый раз, когда вспоминаю эту историю, бывает мне стыдно. Стыдно за то, что тогда было стыдно, стыдно перед самим собой и перед моей покойной мамой, что я не взял эту пламенную дуру за шиворот и не спустил с лестницы.

Доброжелательному читателю,

может быть, не покажется сомнительной моя самооценка: я всегда старался быть честным в словах, делах и поступках, о чем однажды написал довольно громко прозвучавший рассказ. В чем-то мог ошибаться, но явной и понимаемой мною неправды не поддерживал никогда. Да этого от меня прямым образом никто никогда и не требовал. В 1981 году на приеме в мою честь во французском ПЕН-клубе в Париже Аркадий Петрович Столыпин (сын Петра Аркадьевича) похвалил меня за мужество, якобы проявленное мною, когда я отказался подписать письмо против Андрея Сахарова. Я почему-то на эти слова не отреагировал, хотя стоило. На самом деле я никогда не отказывался подписать письмо против

Сахарова по той причине, что никому не пришло бы в голову предложить мне что-то подобное. Последние годы (конец 60-х — начало 70-х) пребывания моего в Союзе писателей меня тяготила не необходимость говорить неправду, а невозможность против нее выступать. Разумеется, я не сразу решился обострить свой конфликт с государством, но, когда решился, вздохнул облегченно: вот теперь-то уж точно могу не отмалчиваться и по любому поводу говорить правду, только правду, ничего, кроме правды.

Оказалось, не тут-то было.

Году в 67-м я познакомился с начинающим драматургом,

который изредка меня навещал, приносил свои пьесы и хотел знать мое мнение. Мое мнение было отрицательное. Пьесы, как мне казалось, были подражательные (под Ионеско или Беккета), заумные и беспомощные. Через какое-то время молодой человек был арестован за опубликованную на Западе брошюру, в которой он предрекал скорый распад Советского Союза. Прошло еще время, и вдруг меня вызывают в прокуратуру (а не в КГБ) к следователю Каратаеву (кажется, он и ныне существует, достигши высокого прокурорского чина). Пришел. В кабинете двое. Один (Каратаев) по известной раскладке — «добрый», другой (он мне не представился) — «злой». Каратаев, играя в простоватого парнишку, спрашивает, знаю ли я такого человека? Знаю. А читал ли брошюру? Не читал. Ничего не знаю, ничего не видел — иронически прокомментировал «злой». Ну можно сказать и так, согласился я. А нам известно, что вы эту брошюру читали. Вам известно, а мне неизвестно. А вы знакомы с его пьесами? — спрашивает «добряк» Каратаев. Знаком. И что вы о них думаете? И тут я стал в тупик. Сказать, что эти пьесы хорошие, у меня язык не поворачивается, тем более что я их даже не помню. Сказать правду, что они плохие, я тоже не могу, потому что любое плохое мнение об «их» жертве будет «им» на руку. Я об этих пьесах ничего не думаю, потому что я их не понимаю. Как не понимаете? Ну так, не понимаю. Они написаны в чуждой мне манере. Что это значит? Ну, в манере, которая мне не понятна, не близка. Это что-то абстрактное, а я скорей всего реалист. Можете это записать? Могу. Я записал: приходил такой-то, давал читать пьесы, написанные в чуждой мне манере. И расписался. Каратаев взял бумагу, посмотрел. А вам не кажется, спросил он меня как эксперта, что его пьесы антисоветские? Нет, не кажется. Я вообще не понимаю, как пьеса может быть антисоветской. Не понимаете? — удивился простосердечно Каратаев. Он все понимает, прошипел из своего угла «злой». Самого надо привлечь за то же самое. Между прочим, говорит Каратаев об авторе пьес, он о вас очень хорошо отзывается. Вас это не удивляет? Не удивляет. Я ему ничего плохого не сделал, чтобы он обо мне отзывался плохо. Единомышленники, говорит как бы сам себе сидящий в углу. На процесс-то придете? — спрашивает Каратаев. А что, он разве будет открытый? Ну, конечно, открытый, а как же.

Короче, я ушел. А потом угрызался. Как же это я написал «в чуждой манере»? Это ведь негативная оценка. Но имею ли я право говорить то, что думаю?

Впоследствии с автором этих пьес и упомянутой выше брошюры «Доживет ли Советский Союз до 1984 года?» Андреем Амальриком я познакомился ближе, даже подружился и считал его очень неординарной личностью. Он читал мои «показания», на меня не обиделся, однако, вспоминая, каждый раз огорчался. Но пьесы его мне продолжали не нравиться. А он ими очень дорожил. Так же, как и своими стихами, тоже малоинтересными и написанными в чуждой мне манере.

Сколько раз меня наказывали, корили, проклинали

и предавали анафеме за то, что я честно или простодушно высказывал свое мнение, иногда даже по совсем безобидному поводу.

Я уже рассказывал где-то, как одна диссидентка при первой нашей встрече (когда я пришел знакомиться с ее мужем и с ней) спросила меня, предвкушая немедленное согласие:

— А правда ли, Максимов очень хороший писатель?

— Неплохой, — сказал я, как думал.

И тут ее отношение ко мне резко переменилось.

— Володя Максимов, — сказала она с чувством, очень похожим на ненависть, — прекрасный писатель!

И, конечно, не приняла бы никаких возражений.

Встретив меня поначалу очень тепло, она тут же ко мне охладела, и наши отношения долго были натянутыми.

Это была Елена Боннэр, женщина умная, страстная, но, конечно, в оценках необъективная. Она (как и многие другие) не понимала или понимала не совсем, что гражданская смелость и литературный талант не одно и то же. Кроме того, ей стоило принять во внимание, что в литературе профессионалом был я, и не ей было меня поучать. А тем более навязывать свое предвзятое мнение. Я подозреваю, что со временем ее отношение к творчеству Максимова стало не столь возвышенным, как тогда. Не потому что он стал хуже писать, а ввиду идейного расхождения. Но самоуверенности в Елене Георгиевне не убавилось.

Лет через пятнадцать после первой встречи произошла у нас еще одна — в Бостоне, где ей была сделана операция на сердце (такой же через год подвергся и я). Мы встретились после долгой разлуки и были, кажется, одинаково рады друг другу. Обнялись, сели друг против друга, говорили о многом и в основном, конечно, о пребывании ее и Сахарова в Горьком, о том, как и чем они там жили. Она рассказывала, как просвещала его, читая ему стихи.

— Все удивляются его литературным знаниям и вкусу, — говорила она, смеясь. — Но ведь это я читала ему Тютчева, Пастернака, Цветаеву и Ахматову. А сам-то он предпочитает детективы.

Потом вспомнила о Георгии Владимове, который, как и я, жил в Германии:

— А Жорку ты часто видишь?

— Да нет, — сказал я, — не часто.

— А что так?

— Ну ты же знаешь, у него характер сложный.

И тут на лице ее возникло выражение полной отчужденности и даже враждебности.

— Учти, — сказала она сердито, — Андрей очень высоко ценит Владимова.

Я Владимова тоже ценю, но характер у него сложный, и одно другому не противоречит.

А что касается эстетических вкусов Сахарова, то, с каким бы почтением я ни относился к Андрею Дмитриевичу, в литературе он для меня авторитетом не был и быть не мог.

Да и вообще для человека с долгим писательским и читательским опытом какие могут быть авторитеты?

При прощании Люся (так называли ее друзья и я в их числе) была со мной холодна. Я пригласил ее на свое выступление в Гарварде, она отказалась.

Опять я ей не угодил. Наверное, поэтому в воспоминаниях Сахарова, которые она редактировала, я ни словом не упомянут. Хотя так или иначе присутствовал при некоторых важных моментах его биографии. Например, в октябре 1973 года после нападения на Сахарова лжетеррористов из якобы арабской организации «Черный сентябрь» я одним из первых оказался в квартире Сахарова и именно я на своих «Жигулях» возил Сахарова, Люсю и Сергея Ковалева в милицию. Я вместе со Львом Копелевым привез Сахарову весть о присуждении ему Нобелевской премии. Он в это время был у своего приятеля Юрия Тувина в новом районе у Дмитровского шоссе и о случившемся узнал от нас. Когда Елена Боннэр получала премию в Осло, у Сахарова телефон был короткое время выключен, а у меня еще нет, и именно ко мне он приходил и ждал подолгу звонка от жены. И наконец, когда Сахарова выслали в Горький, я написал по этому поводу открытое письмо, одно из прозвучавших наиболее громко, после которого мне и было предложено убраться в другую сторону.

Жить не по лжи бывает гораздо сложнее, чем кажется,

и автор такого призыва должен был знать это не хуже других. Сам Солженицын из тактических или иных соображений говорил неправду довольно часто, умело и без натуги, что сам себе легко прощал. Этот разрыв между призывами для публики и правилами для себя заметил когда-то Ефим Эткинд, в своей книге «Записки незаговорщика» приведший цитату из «Бодался теленок с дубом»: «Мои навыки каторжанские, лагерные. Эти навыки суть: если чувствуешь опасность, опережать удар. Никого не жалеть. Легко лгать, выворачиваться, раскидывать «чернуху». Примеров того, как он легко лгал и как чернуху раскидывал, в том же «Теленке» сколько угодно, но один мне запомнился особенно. Несколько страниц занимает рассказ о посещении автором Петра Демичева, тогдашнего секретаря ЦК КПСС. Демичев расспрашивал собеседника о его планах, а тот врал, раскидывал чернуху весело и вдохновенно, в восторге от самого себя. Врал по всем линиям. И что пишет медленно, и что не очень писанием своим дорожит, и что готов вернуться к преподаванию математики, и что вообще он очень скромный и откровенный. И так убедительно врал, что хитрый Демичев всю эту чернуху склевал и простодушно всему поверил. И дальше цитата, говорящая сама за себя:

« —Я вижу, вы действительно — открытый русский человек, — говорил он (Демичев. — **В.В.**) с радостью.

Я бесстыдно кивал головой. Я и был бы им, если б вы нас не бросили на Архипелаг ГУЛАГ. Я и был бы им, если б за 45 лет хоть один бы день вы нам не врали, — за 45 лет, как вы отменили тайную дипломатию и тайные назначения, хоть один бы день вы были с нами нараспашку».

И дальше. Демичев отметил, что посетитель действительно очень скромный человек и у него нет ничего общего с Ремарком.

И:

«Я радостно подтвердил:

— С Ремарком — ничего общего. — Наконец всеми своими откровенностями я заслужил же и его откровенность:

— Несмотря на наши успехи, у нас тяжелое положение. Мы должны вести борьбу не только внешнюю, но и внутреннюю. У молодежи — нигилизм, критиканство, а некоторые деятели (??) только и толкают, и толкают ее туда.

Но не я же! Я искренно воскликнул, что затянувшееся равнодушие молодежи к общим великим вопросам жизни меня возмущает...

... Мы оба остались очень довольны».

«Это, — отметил без смущения автор, — был исконный привычный стиль, лагерная раскидка чернухи: и прошло великолепно».

Признаюсь, что в свое время, читая признания Солженицына вперемешку с его нравственными призывами, я почти не замечал противоречия между ними, а кое-каких подробностей и не знал. О своем общении с помощником Хрущева Владимиром Лебедевым Солженицын рассказывает немного. Но гораздо больше узнаем мы из опубликованного в 1994 году сборника материалов об отношении советской власти к Солженицыну «Кремлевский самосуд». Первым материалом (может быть, составители хотели показать, каким хорошим, советским, «нашим» был не оцененный партией автор) оказалось письмо Лебедева своему шефу от 22 марта 1963 года. В нем Лебедев сообщает о своем телефонном разговоре с Солженицыным вскоре после выступления Хрущева (7 марта 1963) перед творческой интеллигенцией в Свердловском зале Кремля «Высокая идейность и художественное мастерство — великая сила советской литературы и искусства». Напомню, что это была погромная речь, пожалуй, самая позорная речь Хрущева за все время его правления. На этой встрече власти с интеллигенцией и последовавших за ней других громили многих художников и писателей, но не Солженицына. Этот скандал был реакцией власти на настроения, возникшие после публикации «Ивана Денисовича», но сам Солженицын был у начальства еще в фаворе. И вот Солженицын позвонил Лебедеву, тот записал разговор и изложил его так:

«Я глубоко взволнован речью Никиты Сергеевича Хрущева и приношу ему глубокую благодарность за исключительно доброе отношение к нам, писателям, и ко мне лично, за высокую оценку моего скромного труда. Мой звонок Вам объясняется следующим: Никита Сергеевич сказал, что если наши литераторы и деятели искусства будут увлекаться лагерной тематикой, то это даст материал для наших недругов, и на такие материалы, как на падаль, полетят огромные жирные мухи.

Пользуясь знакомством с Вами и помня беседу на Воробьевых горах во время встречи наших руководителей с творческой интеллигенцией, я прошу у Вас доброго совета. Только прошу не рассматривать мою просьбу как официальное обращение, а как товарищеский совет коммуниста, которому я доверяю. Еще девять лет тому назад я написал пьесу о лагерной жизни «Олень и шалашовка». Она не повторяет «Ивана Денисовича», в ней другая группировка образов: заключенные противостоят в ней не лагерному начальству, а бессовестным представителям из своей же среды. Мой «литературный отец» Александр Трифонович Твардовский, прочитав эту пьесу, не рекомендовал мне передавать ее театру. Однако мы с ним несколько разошлись во мнениях, и я дал ее для прочтения в театр-студию «Современник» О.Н. Ефремову — главному режиссеру театра.

— Теперь меня мучают сомнения, — заявил далее А.И. Солженицын, — учитывая то особенное внимание и предупреждение, которое было высказано Никитой Сергеевичем Хрущевым в его речи на встрече по отношению к использованию лагерных материалов в искусстве, и сознавая свою ответственность, я хотел бы посоветоваться с Вами, стоит ли мне и театру дальше работать над этой пьесой».

И дальше: «Если Вы скажете то же, что А.Т. Твардовский, то эту пьесу я немедленно забираю из театра «Современник» и буду над ней работать дополнительно. Мне будет очень больно, если я в чем-нибудь поступлю не так, как этого требуют от нас партия и очень дорогой для меня Никита Сергеевич Хрущев».

Лебедев с пьесой ознакомился и сам решил, что ее ставить не стоит. Автор и режиссер с его доводами согласились и от постановки отказались. При этом: «Писатель Солженицын просил меня, если представится возможность, передать его самый сердечный привет и наилучшие пожелания Вам, Никита Сергеевич. Он еще раз хочет заверить Вас, что хорошо понял Вашу отеческую заботу о развитии нашей советской литературы и искусства и постарается быть достойным высокого звания советского писателя».

Это, конечно, не стенограмма. Но я не могу себе представить, чтобы помощник высшего советского руководителя в своем докладе посмел сочинить такое полностью от себя.

На меня этот документ и сейчас, в 2002 году, произвел сильное впечатление. Но будь он мне известен в то время, когда был Солженицыным представлен в лице самого себя идеальный образ правдивейшего нашего современника, утверждавшего, что сила его положения «была в чистоте имени от сделок», образ этот мог померкнуть уже тогда. Можно сказать, что все советские люди, кроме сумасшедших, а писатели особенно, в общении с властью не всегда говорили, что думали, но из литераторов моего круга я не знаю никого, кто бы так легко и беспардонно врал и льстил партийному руководителю. Ну да, он это делал не искренне. А кто же начальству льстит искренне? Все могут такое свое поведение оправдать или тем, что сидели, или тем, что не хотели сидеть, или стремились чего-то достичь, или уберечь достигнутое.

Легенда о Солженицыне

прошла несколько стадий. В одних кругах читателей она в конце концов потускнела, зато в других уже во времена перестройки и позже пережила второе рождение. Эти круги различались между собой степенью информированности. Первые интересовались тем, что происходит с их собственной страной и с ними самими и, если имели доступ к самиздату, читали его, а не имели — слушали иностранное радио. Многие из них давно прочли Солженицына или прослушали по радио, а если еще думали своей головой, то предположительно прошли какой-то путь в изучении данного феномена и составили свое мнение. А были и другие. Самиздата не читали, «Свободу» не слушали, закрывали глаза и затыкали уши, чтоб лишнего не узнать и не думать. Встретив перемены в девственной чистоте, они вдруг захотели наверстать упущенное, задним числом примкнуть к правдолюбивым согражданам и после изъятия определенных статей из Уголовного кодекса стали куда как смелыми. Некоторые немедленно постарались (и небезуспешно) приблизиться к диссидентам, к самым главным из них, и задним числом поставить себя на ту же доску. Я знаю не меньше десятка нахалов, утверждавших, например, что они вместе с Сахаровым боролись за права человека. Обходя деликатно тот факт, что они в борьбу эту вступили после того, как она стала выгодной и не более опасной, чем посещение Брестской крепости в составе группы туристов. В безопасные времена у Солженицына появилось много новых друзей, почитателей, защитников и соратников. Вроде Сергея Залыгина, в свое время публично поносившего Солженицына, а до него Пастернака, которого сравнил с тифозной вошью. Во времена перестройки Залыгин и ему подобные стали плечом к плечу с Солженицыным и, величая его великим писателем, совестью народа и еще кем-то, собственные слова оценивали как акт гражданского мужества. И стали агрессивно, с гражданским пафосом (раньше в них не замеченным) клеймить как трусов тех, кто с ними в их оценках целиком и полностью не совпадал. Этих несогласных стали изображать гонителями большого таланта, хотя таланта уже давно никто никуда не гонит. Новые смельчаки охотно и с презрением говорили о совках, коммуняках (я знал одного, говорившего «коммуняки», хотя сам он много лет был членом ЦК КПСС), обзывали всякими словами мертвого и теперь не защищенного Уголовным кодексом Ленина. Легенда о том, что Солженицын в одиночку боролся с режимом, была им нужна для того, чтобы уравнять себя со всеми остальными и стать впереди некоторых. Я, помню, с большим удивлением читал в «Совершенно секретно» и в других изданиях списки наиболее преследовавшихся советской властью писателей. В этих списках стояли фамилии приблизительно в таком порядке: Солженицын, Можаев, Искандер, Юнна Мориц и т.д. Я хорошо отношусь к некоторым из этого списка, они достойные люди, и советская власть им, конечно, жизнь тоже портила, но в прямом конфликте с государством состояли и специально им преследовались не они. Их не исключали из Союза писателей, не травили фигурально и буквально, не отключали их телефоны, не угрожали им ни тюрьмой, ни смертью, не принуждали к выезду из страны и не лишали гражданства.

Если считать не только писателей,

а всех людей, бросивших открытый вызов государству, то в масштабах огромной страны их было, может быть, не так уж много, но счет все равно шел на тысячи. Эти люди писали письма советским властям, западным правительствам и гуманитарным организациям, распространяли самиздат, издавали подпольные журналы, выступали в защиту других. Семеро вышли на Красную площадь протестовать против ввода советских войск в Чехословакию, другие разворачивали свои лозунги на площади Пушкина. В большинстве своем эти люди не были защищены громкой славой и поддержкой Запада и за свое поведение платили свободой, а иные и жизнью. Тогдашние правозащитники распространяли в самиздате сочинения Солженицына и жертвенно защищали его самого. Забыть о подвиге этих людей и утверждать, что Солженицын один выступил против тоталитарного чудовища, — свинство.

Уж кто меньше всех других сражался в одиночку, там это именно Солженицын. Он, конечно, был одной из двух главных фигур в диссидентском движении и вел себя смело, но его поддерживал весь мир, а на миру и смерть красна.

Начало девяностых годов
можно обозначить

в истории как время ожидания Солженицына. Разочаровываясь последовательно в перестройке, в Горбачеве, Ельцине, Гайдаре, Бурбулисе, Чубайсе, пройдя быстро через соблазн Жириновского, народ продолжал верить в чудо и надеяться на тех, кто его творит: на Джуну Давиташвили, Кашпировского, Чумака, но больше всех на Солженицына. Вера в него была почти такой же безумной, как вера в коммунизм. Вот-вот великий чудотворец приедет, скажет, что надо делать, мы все исполним, и все будет хорошо.

Вера в то, что он скоро приедет, зародилась задолго до того (приблизительно за семь лет), как это произошло в реальности, и жила не только в каких-то темных людях, не имевших доступа к информации, а и среди считавших себя творческой интеллигенцией. А поскольку ожидаемый давно стал фигурой культовой, вера в то, что он — хороший — приедет, сопровождалась убеждением, что другие — плохие — не захотят. Некоторые мои знакомые, которые, казалось бы, могли понимать реальную ситуацию, начиная с 87-го года попрекали меня, что я не возвращаюсь. Без попытки хотя бы вообразить, возможно ли вернуться и каким образом тогда еще в Советский Союз человеку, официально объявленному врагом государства и лишенному гражданства (до возвращения мне советского паспорта оставалось больше трех лет). Тем не менее попреки доносились, и даже с некоторыми угрозами. Жена одного из «прорабов перестройки», державшая себя как близкий друг нашей семьи, в апреле 1987 года написала мне взволнованное письмо. Спрашивала, почему никто из уехавших (меня она, не упоминая, имела в виду в первую очередь) не хочет вернуться, кроме Солженицына, который уже заявил, что готов. Это была полнейшая чушь. Солженицын ничего еще не заявлял, но за ним уже закрепили желаемые намерения. А мне приписали что-то совсем другое. Я как раз говорил, что хочу вернуться и вернусь, как только это станет реально возможным. Но те, кому было заведомо известно, что только один Солженицын хороший, патриот, и только он один готов «*к беде*, — так было сказано в письме, — *вновь оказаться на родине*». Эта дама понимала, впрочем, что если попроситься назад, то вряд ли пустят. «*Так что*, — рассуждала она, — *опасаться нечего, а нам все-таки, здешним, было бы приятно знать, что хоть у вас там и колбаса, и парижская весна, ан нет, все-таки чего-то не хватает. Но тогда встают всякие разные вопросы посередине, если там всего достаточно, то можно ли претендовать на место в национальной культуре и т. д. Ладно, чего-то я расписалась...»*

Это письмо меня потрясло неожиданными для меня (я считал эту женщину человеком умным и понимающим, что к чему) невежеством, глупостью, смешением разнородных понятий: колбаса, которая и в советской жизни никогда не была для меня предметом вожделения, и «парижская весна», которая бывает не в Мюнхене.

(Между прочим, за время после написания этого письма много воды утекло, дочь этой дамы давно переехала на постоянное жительство именно в Париж, и мама ее имеет все возможности наслаждаться парижской весной, парижской колбасой и парижскими круассанами, не оставляя при этом своего места в национальной культуре. Впрочем, за место в культуре отвечает не она сама, а ее муж.)

Это дело давнее и не стоило бы сегодняшнего упоминания, если бы не соображение о том, что культовое восхваление одной личности непременно сопровождается принижением других.

Но вернемся к нашим воспоминаниям.

Итак, в начале 90-х годов советский народ, веря в Солженицына, жил ожиданием. Сначала ждали терпеливо. Понимали, что у великого человека великие дела и не может он от них по пустякам отрываться. Потом, решив, что проходящее в стране не совсем пустяки, ожидавшие стали постепенно волноваться: почему он молчит? Я помню, этот вопрос задавали газеты. Во время моих публичных выступлений тех дней почти обязательно кто-то вскакивал с этим вопросом. Почему молчит Солженицын? Мои предположения, что имеет право и, может быть, не знает, что сказать, воспринимались как кощунственные. Может ли Солженицын чего-то не знать?

Когда наконец голос Солженицына прозвучал, не только наши доморощенные творцы кумиров, но и некоторые западные интеллектуалы откликнулись на него как на голос свыше. Я не помню, в каких выражениях сообщал об этом в газете «Русская мысль» Жорж Нива (а сам ничего подобного придумать не могу), помню только невероятный восторг и всякие возвышенные утверждения вроде того, что наконец-то Слово, столь ожидаемое, грянуло и соединилось с Россией. И конечно, теперь все будет в России не так, как прежде. (Помните надежду на «Колесо», которое, как до места докатится, сделает будущее России великолепным?)

Как в него, в это Слово, люди вцепились! Тираж брошюры «Как нам обустроить Россию?» в 30 миллионов экземпляров (слыханное ли дело?) разошелся немедленно. Автор потом все равно будет жаловаться, что напечатали, но не прочли. Или прочли, да мало

169

вычитали. Не приняли к безусловному исполнению всех предначертаний.

А между тем брошюра массового читателя разочаровала. Не потому, что была плохо написана, а потому, что была написана человеком. Будь она сочинена любым мировым классиком на самом высоком уровне, ей бы и тут не выдержать сравнения с тем, чего публика от нее ожидала: бесспорного и понятного всем Божественного откровения. Если бы не безумные ожидания, о брошюре можно было бы поговорить и серьезно. Но серьезно говорить было не о чем. Читателю предлагалось (и он сам так был настроен) признать все полностью без всяких поправок как истину в последней инстанции. Как будто автору, единственному на свете, точно до мелких деталей известно, как именно устроить нашу жизнь, какое общественное устройство создать, какую вести экономическую политику, где провести какие границы и кому на каком языке говорить. Но именно тут автора ожидала большая неудача. Безоговорочного восхищения не случилось. Больше того, автор многих раздражил. Хотел украинцам понравиться (я, мол, тоже почти что один из вас), а сам их при этом оскорбил. Казахов обидел. Чеченцев — тем более. О евреях — нечего говорить. Даже некоторые явные апологеты автора растерялись. Но спорить боялись. Покойный Вячеслав Кондратьев, который почему-то много раз пытался поставить меня на место, на мой иронический комментарий по поводу брошюры Солженицына отозвался в «Литературке», что ему тоже некоторые положения этой работы кажутся спорными, но он сам не смеет возражать автору и не понимает, как смеют другие. (На что я ему посоветовал не писать статьи в газете для взрослых, а идти в детский сад.)

Я в те дни оказался на какой-то конференции в Тюбингене, в ФРГ, где участники, русские и немцы, обсуждали, насколько советы автора пригодны для практического применения. Спросили о том и меня. Я сказал, что обустраивать Россию можно по любой книге, хотя бы и по поваренной. По поваренной даже лучше, чем по любой другой. Сравнивая предлагаемые ею рецепты с наличием в торговле ингредиентов, можно судить о текущем состоянии экономики. (В свое время совет из книги Молоховец: «Если вам нечем кормить гостей, возьмите жареную индейку» — вызывал у читателей хохот. Жареная индейка была несовместима с советским строем.) Говоря серьезно, проблема обустройства России была столь объемна, что ожидать ответа на все вопросы от одного человека вряд ли стоило, кто бы он ни был: Солженицын, Адам Смит, Егор Гайдар или Джордж Сорос.

К моему удивлению, никто из немцев мне возражать не стал, но соотечественникам мое мнение показалось дерзким и даже кощунственным.

было им самим и тогдашней властью тщательно подготовлено. С упреждающим условием, чтобы книги были изданы массовым тиражом, а «Архипелаг ГУЛАГ» можно было бы купить в любом магазине сельпо. Такое требовать можно только от тоталитарного государства, у другого нет власти приказать издателям, какие бы то ни было книги печатать, не считаясь с реальным спросом. Но спрос был еще большой, а государство, хотя и в стадии развала, все еще тоталитарное, сделало, что могло. Вряд ли условие было полностью выполнено, но огромный спрос был превзойден еще большим предложением.

Писатель, познавший чудо самиздатского успеха, когда слепые машинописные экземпляры, переходя из рук в руки, распространяются по стране со скоростью гонконгского гриппа, не понял опасности пресыщения читателя разрешенным товаром. Накануне возвращения прославленного автора в Москве в подземных переходах какие-то люди с рук продавали Собрание сочинений Солженицына по цене одной бутылки водки за семь томов.

Собственно возвращение было обставлено безвкусно.

Начиная с направления — сзаду наперед, для чего есть грубое народное выражение.

Великий писатель прибыл на родную землю специальным авиарейсом и явился публике с заранее приготовленным выражением лица. (Говорят, перед выходом из самолета он инструктировал жену, с каким выражением надо выйти к народу. «Задумчивость, детка», — якобы посоветовал муж, а телекамеры Би-би-си этот инструктаж запечатлели.)

И — в четырех вагонах через нищую Россию с пустыми речами. С трибун, где рядом, плечо к плечу, стояли местные сатрапы и кагэбэшники. В каком-то рассказе Платонова примерно так описывались вокзальные речи катившего по России на бронепоезде Троцкого.

Один остроумец сказал, что Солженицын разочаровал публику тем, что вообще говорил слова. Ему бы на станциях молча, возникая из тамбура, поднимать руку на несколько секунд, обводить народ загадочным взором и тут же, скрывшись из глаз, двигаться дальше. Тогда бы он был похож не на Троцкого, а на корейского великого чучхе Ким Чен Ира, чей проезд тем же путем через шесть лет после Солженицына парализовал все железнодорожное движение.

Очередным разочарованием была многословная с не к месту театральными жестами речь в Думе, где аплодисментами его удостоили только, кажется, коммунисты.

Убыток моральный принесли ему регулярные выступления по телевидению. Тоже вполне комические. С помощью специально выделенного подпевалы, который задавал заранее подготовленные вопросы и, не дослушав ответа, согласно и торопливо кивал головой, писатель опять-таки объяснял все про все. Где проводить границу с Казахстаном, что делать в Чечне, как готовить школы к учебному году. Призывал к бдительности в отношениях с коварным Западом и особенно разоблачал Америку, которая нам навязывает свое понимание добра и зла и указывает, как нам жить. А ведь когда-то именно Америкой восхищался, американцев предостерегал от излишней доверчивости и предлагал им активно вмешиваться «в наши внутренние дела».

Теперь он Америку во вмешательстве в наши дела упрекал. Возмущался хождением в России доллара, не имея представления, как этого избежать. (А премию своего имени учредил именно в долларах.) Получив из рук новой власти роскошную квартиру и построив хоромы в номенклатурном лесу среди нынешних вождей, пел нам любимую песню о самоограничении.

Было бы смешно, когда бы не было так безвкусно.

Телевизионная передача отмерла сама собой.

Как фокусы Кашпировского и Чумака и проповеди заезжих американских жуликоватых вещателей вроде моего знакомца Майкла (Миши) Моргулиса.

Понятно, закрытие передачи Солженицына было им самим и его окружением воспринято как козни врагов. Но почему-то народ, защищая свое право слушать великого проповедника, не вышел на улицы, не перекрыл движение поездов, не стал стучать касками по булыжнику. Сытый голодного не разумеет, а голодные не любят слушать речи сытых о пользе самоограничения. Даже если эти сытые хлебали когда-то лагерную баланду.

Теперь у Александра Исаевича Солженицына все хорошо.

Он живет среди «новых русских» и номенклатурной знати. Награжден высшим орденом, званием российского академика и полностью признан государством. К нему в гости приезжали президент России и министр иностранных дел из страны евреев. К нему ходят на поклон губернаторы, новые российские органчики и угрюм-бурчеевы, называющие его патриархом мысли и совестью нации. Органчикам он дает советы, записываемые ими в блокнотики. Возвращаясь к себе, они рекламируют свою дружбу, эксплуатируют его авторитет (не всегда помогает) в предвыборной суете. Когда надо какой-то из противоборствующих сил, она присылает к нему своих телеведущих и те называют его великим современником, нашим Толстым, гением, величайшим писателем XX века.

175

Когда-то такие оценки воспринимались всерьез многими.

И мной в том числе.

Даже если б я относился к Солженицыну хуже,

чем есть, и стремился навязать публике свое представление, у меня ничего бы не получилось. Никто никого не может ни вписать в литературу, ни выписать из нее. Даже Толстому не удалось отменить Шекспира, а Набокову — Достоевского. Пушкина толпой сталкивали с корабля истории и не столкнули. У меня достает ума не заниматься тем же, и в своих прогнозах я готов ошибиться.

Мое мнение, может быть, ошибочное, но честное. Солженицын — историческая фигура. В истории он останется. Как потомки оценят его роль, не знаю. Думаю, оценят по-разному, в зависимости от пристрастий оценщика. Но как писателя... Время от времени люди пытаются себе представить, кого из наших современников будут читать лет через сто. Когда-то Солженицын был единственным бесспорным кандидатом на такое литературное долголетие. Был даже анекдот: в энциклопедии будущего под фамилией Брежнев написано, что это маленький тиран в эпоху Солженицына. Теперь этот анекдот мало кому покажется актуальным, а я его слышал в переиначенном виде: Путин — маленький политик в эпоху Аллы Пугачевой.

Правду сказать,
я его давно не читаю.

Когда мне хочется почитать кого-нибудь ближе к нашему времени, моя рука тянется к Зощенко, Булгакову и Платонову, но почти никогда — к Солженицыну.

Может быть, я предвзято к нему отношусь? Может быть. Хотя стараюсь быть объективным. «Один день Ивана Денисовича» и сейчас кажется мне шедевром, но оставшимся в своем времени. Перечитывать не тянет. «Матренин двор» — очерк. Неплохой, но достаточен для одноразового чтения. Об «узлах» я уже все сказал. «В круге первом» или «Раковом корпусе» концы хорошо написаны, но до них еще надо добраться. «Случай на станции Кречетовка» мне с самого начала не нравился. О крохотках, двучастных рассказах и суточных повестях (навевают воспоминания о суточных щах) говорить не буду.

Что же до «Архипелага ГУЛАГ», то в безусловности его художественных достоинств я сомневаюсь, а как исторический источник он тоже ценность свою утратил. Открылись архивы, опубликованы документы, факты, цифры, которых автор просто не мог знать. Конечно, историкам будут интереснее документально подтвержденные данные, чем даже добросовестные эмпирические догадки.

Убеждение Лидии Чуковской, что Солженицын, как Пушкин, создал новую прозу и

177

новый язык, теперь кажется наивным. За каждым крупным писателем, внесшим в литературу что-то существенно новое, тянется длинный шлейф последователей, испытавших влияние, и просто эпигонов, пишущих «под». Под Толстого, под Бунина, под Булгакова... Пишущих под Солженицына я не знаю. Хотя тону его некоторые подражать пытались. А над языком его сколько было насмешек! Да и сам он с иронией изображал в «В круге первом» одного из персонажей — Сологдина, который не расстается со словарем Даля и изгоняет из своей речи все иностранные слова, заменяя их лично изобретенными. Он смеялся над Сологдиным, теперь над ним тоже смеются, он не слышит, не воспринимает и пишет так, что и со словарем не всегда поймешь. Изгоняя не только иностранные слова, но и русские обязательно как-нибудь по-своему выворачивая.

Я не выискивал специально какие-то фразы. Открыл наугад «Август Четырнадцатого», полистал и прочел:

Бы со сковородки подскочил полковник...

А сарай оказался — скотий, ну-у! для скота...

А Сенькина кобыла с пережаху да перек дороги взяла.

Головка сыра (имеется в виду влажная человеческая голова, а не продукт сыроварни. — В.В.) **все еще в поту, под сбекрененной фуражкой глядела щелковидно, уверенно.**

Страх и ужас на лицах (при пожаренном свете).

Жил он в Вермонте **в отшельстве.**

Нападали на него **охуждатели** (для поэта находка под рифму «ох, уж датели!»).

Царь у него облегчился, кто-то ткнулся бородой в женское лоно, кто-то явился к кому-то с нуждою вопроса.

А всякие слова, вычитанные у Даля и самостоятельно сочиненные! Неудобопроизносимые. Не всегда понятно, что означающие.

Натучнелый скот, натопчивая печь, на поджиде, внимчивый, всгончивый, дремчивый, расколыханный, приглушный и прочие.

Этих слов много, они вылезают из текста, заставляя нас спотыкаться и думать, что бы они означали, и они же, собственно, и являются важной составляющей его стиля. А слова, которые мы считаем обыкновенными, вот они-то и случайны, не нашлось им вычурной замены.

Я лично не против.

Каждый писатель имеет право писать, что и как хочет, потому что каждый читатель имеет право этого не читать. Или, читая, иметь собственное мнение. Мое мнение сводится к тому, что писатель он был неплохой, местами даже замечательный, но представле-

179

ния о его величии, гениальности, пророческих способностях и моральной чистоте относятся к числу мифических. Миф под названием «Солженицын» постепенно (и с его собственной помощью) развеивается. В сознании некоторых он уже развеян настолько, что эти люди (в основном литераторы) вообще машут рукой, отказывая ему в серьезных литературных способностях (Татьяна Толстая считает его скучным публицистом). Зато и другие крайности еще живучи. Где-то еще недавно какой-то автор запальчиво спрашивал: «Кто любит Россию больше, чем Солженицын?» (Интересно, каким прибором степень любви измерял?) Другой ему вторил, что никто не знает Россию лучше, чем Солженицын. Еще один мифотворец недавно и вовсе выразился в том духе, что в огромном таланте Солженицына свободно помещаются все «наши талантишки», а в его огромной совести «все наши совестишки». И все-таки миф этот, повторяю, сходит на нет. Но вирус мифотворчества, мифомании, мифофрении остается, и мы уже сейчас наблюдаем новую вспышку той же болезни, но соотнесенной уже, как и полагается, с фигурой Верховного правителя страны. Полчища подхалимов воспевают его реальные и мнимые подвиги и достоинства, пишут о нем книги, посвящают ему убогие стишки, малюют его портреты, отливают его в бронзе, выцарапывают на рисовом зерне — все это он принимает пока со скромной улыбкой. Хватит ли у него ума и характера противостоять напору лукавых льстецов, или поверит он в свою необыкновенность, это мы еще увидим.

Солженицын тоже мог стать президентом.

Вернись он чуть раньше и возжелай, народ его на руках внес бы на трон. Да и после возвращения у него еще были большие шансы. И реальные. Незадолго до своей гибели в 1999 году Галина Старовойтова предлагала ему выдвинуть себя в президенты. Он предложения не принял. Возможно, понимал, что ноша будет уже не по возрасту. Или боялся поражения. А может, и вообще ни на каком этапе не поддался бы искушению высшей властью. Но если бы поддался и возомнил (а почему бы нет?), что Господь его и на это сподобил, то при его способности судить-рядить быстро, однозначно и круто, при отсутствии сомнений в своей правоте вряд ли он мог бы разумно и осмотрительно распорядиться огромной властью. Слава богу, этого не случилось.

Мой портрет, может быть, не совсем точен.

Но у нас нет возможности получить более объективное изображение. Потому что поручить создание его друзьям Солженицына — они слукавят, а он сам, если и возьмется искренне нарисовать себя таким, каков он есть,

181

с задачей не справится. Его непомерная любовь к самому себе застит ему глаза, он смотрит в увеличительное зеркало и видит не себя, а какого-то былинного или библейского богатыря. Он не знает себя сегодняшнего и не помнит себя вчерашнего. Когда-то он сказал, что в глазах многих людей стал уже не человеком, а географическим понятием. Понятием, равным России. Тема «Я и Россия» — сквозная в его творчестве. За Россию он всегдашний болельщик, и она в разлуке с ним долго пребывать не может. Отчуждение с Сахаровым измеряется всей Россией — она между ними стала. Родственников где-то в Ставрополье проведал (в сопровождении телевизионщиков), выпил с ними по рюмке и — дальше. На просьбу родственницы: «Погостил бы еще» — без юмора отвечает: «Некогда. Россия ждет». (Так и хотелось сказать в эфир: да не спешите, у России времени много, она подождет.) Слава и всеобщее восхваление вскружили ему голову. Его превозносили на всех углах, как никакого другого писателя никогда в истории человечества. Но ему и этого показалось мало. Он о себе еще более высокого мнения. Ему кажется вся его жизнь почти сплошь безупречной, полной великих художественных достижений и героических деяний. Меня и раньше коробило, но главного впечатления не заслоняло, когда он свои романы сравнивал с ослепительным светом, бьющим в глаза, когда утверждал, что его рукой (вовсе не метафорически, а буквально) управлял напрямую Всевышний. Свои стычки с КГБ изображал как Куликовскую битву и писал в «Теленке» так: «Весь минувший бой имел для меня значение, теперь видно, чтоб занять позицию защищенную и атакующую — к следующему, главному сражению, шлемоблещущему, мечезвенящему». Тогда же он вполне искренне (не соотнося это утверждение с собственными своими признаниями) сказал Сахарову и нам всем, что открыто стоял *против них* с самого 1945 года и выстоял. Американцам сообщил, что в 45-м году шел к Эльбе на встречу с ними (воспринимая себя, очевидно, как встречную армию), чтобы пожать им руки и сказать всю правду о Советском Союзе, но не дошел. И что заранее и рассчитанно готовил «свой прорыв». Это не вранье. Он в самом деле так думает. Но мы в этом во всем сомневаемся, а кое-чему и просто не верим.

Толстой когда-то сказал, что оценивать человека можно дробным числом, где в числителе стоят реальные достижения оцениваемого, а в знаменателе — то, что он сам думает о себе. При совпадении этих величин человек равен единице. Одним из равных единице я считаю постоянно сравниваемого с Солженицыным Андрея Сахарова. Сахаров сознавал свое значение, не преуменьшал его, но и не преувеличивал. Числитель у Солженицына был когда-то очень высок, но и тогда знаменатель был выше. Со временем разрыв между двумя показателями (первый снижался, второй рос) увеличивался и достиг катастрофического несоответствия.

Меня много раз спрашивали, а читал ли мой роман «Москва 2042»

предполагаемый прототип и какая реакция. Я говорил, что не знаю. Допускал, что кто-то ему книжонку мою подсунул, может, он в нее заглянул, может, хмыкнул, может, плюнул. Что отзовется на нее, не ожидал. На пародию пародируемому можно откликаться только в одном-единственном и в применении к Солженицыну невероятном случае — когда она ему понравилась и показалась смешной. Если она вообще не смешная, пусть ее высмеют другие. Если смешная, но обижает, благоразумнее промолчать. Однако Александр Исаевич ознакомился и не промолчал. В упомянутом выше сочинении «Угодило зернышко промеж двух жерновов» 1987 года («Новый мир» №4, 2001) он свой пассаж, посвященный мне, начинает так:

«А вот — сатирик Войнович, «советский Рабле»...

Тут я мысленно отвесил глубокий поклон и сказал «спасибо». Меня уже сравнивали с Гоголем, Щедриным, Свифтом и чаще — с Гашеком. А с Рабле — я еще не слышал, теперь это для меня как бы еще одно звание — honoris causa.

И дальше, отмечая мои литературные достижения, Солженицын сам создает сатирический образ:

«В прошлом — сверкающее разоблачение соседа по квартире, оттягавшего у него половину

184

клозета, — дуплет! — сразу и отомстил и Золотой Фонд русской литературы».

Я хотел на это откликнуться и сказать приблизительно так: *«Дорогой Александр Исаевич! Вот Вы столь близко к сердцу принимаете, когда Ваши оппоненты Вас неправильно поняли, перетолковали, исказили Ваши слова и мысли. Но зачем же Вы сами опускаетесь до уровня дешевого советского фельетона? Ведь так в журнале «Крокодил» писали о стилягах, фарцовщиках, диссидентах, о Вас и обо мне. Меня, ей-богу, это мало задевает, поскольку не имеет ко мне отношения, а вот Вы неужели не понимаете, что Ваши потуги на сатирическое изложение сути дела бьют не по мне, а по Вам?»*

Целью моего романа «Москва 2042» Солженицын считает (см. выше) месть ему за то, что он вообще существует, и за тот совет, который мне был когда-то неосмотрительно дан.

«Отомстить — опять сатира! — и снова же будет Бессмертное Создание русской литературы!»

На бессмертие (относительное) своего создания я в своих горделивых мечтах, может быть, и надеялся, но написать роман ради мести — это было бы слишком. Я пишу очень медленно, и мне было бы не по силам отвечать на каждую грубость романом. На грубость Солженицына я ответил, как сказал бы Горбачев, «асимметрично», но адекватно — и тем был полностью удовлетворен.

Дальше автор «Зернышка» пытается проявить объективность и понимание юмора:

«*Впрочем, Войнович хотя и очень зол на меня, и это прорывается даже в прямых репликах, но он все-таки не Флегон. Книга о будущем Советского Союза повторяет Оруэлла робко, и советский мир подан не смешно — но неплоха небрежность повествования в сочетании с динамичным сюжетом*». И даже: «*Кое-где она и весела, забавно видеть свое смешное и в самой злой карикатуре...*»

Ну, и посмеялся бы.

«*...да вот недотяг: не нашлось у Войновича самостоятельной живой находки, покатил все в том же гремливом шарабане: что я страшно-ужасный вождь нависающего над миром русского национализма. В резких сатирических чертах обсмеяна наша замкнутая вермонтская жизнь, что ж, посмеемся вместе, хотя обуродил меня за край.*

Что Войновичу удалось — это создать у читателей иллюзию, что он таки был у меня в Вермонте, пишет с натуры, — кто ж искуражится сочинять такое от копыт и до перышек? Еще долго называли его «достоверным свидетелем» моей жизни в Вермонте». (А мы с ним — даже не знакомы, не разговаривали никогда.)»

Тут мне опять хотелось бы взять слово и спросить: «*Александр Исаевич, а в чем Ваша претензия? На то писателю и дано художественное воображение, чтобы создавать иллюзию «от копыт и до перышек». Я, естественно, стремился сотворить достоверный образ в как бы реальных, но, безусловно, выдуманных мной*

*обстоятельствах. «Достоверным свидетелем»
Вашей жизни в Вермонте меня, может быть,
кто-нибудь и считал, но я к этому никого не
склонял. Я сам Вас не посещал, не подсматри-
вал, как Вы живете. Больше того, когда мне
наши общие знакомые пытались обрисовать
Вашу жизнь, я их останавливал, мне это не
нужно было, мне собственной фантазии хватало, чтобы описать то, что описано. А вот
насчет того, что мы с Вами не знакомы и не
разговаривали никогда, Вы ошибаетесь. Знакомы, разговаривали, и не раз. Эти разговоры (см.
выше) были мимолетны, малосодержательны,
я их запомнил, естественно, лучше (потому
что смотрел на Вас снизу вверх), но с трудом
допущу, что Вы их совсем не помните. А что
язык я высмеиваю, так не народный он, а
Ваш — искусственный, который чтоб понимать, надо иметь специальное филологическое
образование. Народ на языке подобном не говорит нигде, разве что на ферме Рова (штат Нью-
Джерси), где живут эмигранты второй волны
из казаков. Вы сами над языком Сологдина в
«В круге первом» смеялись, и я тогда тоже
вместе с Вами смеялся, а потом продолжил
смеяться без Вас. «И вовсе слабо, — пишете
Вы, — когда не в шутку сквозят претензии автора на собственный литературный размер».
Это уж совсем мимо. Я себя никаким санти-
метром не измерял, зная, что мой литературный размер будет определен не мной (а Ваш не
Вами). «А дальше теряет Войнович всякое
юмористическое равновесие, приписывая сво-*

ему ненавистному герою и истинное тайное сыновство от Николая II, и лелеемый сладкий замысел именно и стать царем — и, конечно, с самыми империалистическими побуждениями. Какая пошлость фантазии, какая мелкость души». И тут уж мне хочется возразить без малейшего лукавства: «*Помилуйте, Александр Исаевич, кто-кто, а уж Вы-то должны же знать, что все-таки Рубин это не Копелев, Сологдин не Панин и Карнавалов не Солженицын. Зачем же Вы сами ставите знак равенства между собой и литературным образом? Я, конечно, не думаю, что Вы сын Николая II (а если бы да, что было бы в том оскорбительного?), я приписал это не Вам, а Сим Симычу Карнавалову, кстати, вовсе не ненавистному. Я вообще не понимаю, как может быть герой ненавистен автору (Обломов — Гончарову, Хлестаков — Гоголю). Он же (любой: отрицательный или положительный) детище автора. Он может быть удачным или неудачным. Но Сим Симыч, мне кажется, удался, и я его люблю, как Чонкина, Зильберовича и некоторых других моих героев. Уверяю Вас — не для судьи, которым пугала меня Лидия Корнеевна, а для правды, что про Вас я не думаю, будто Вы — царский сын, уверен также, что Вы не жили в Бескудникове, не носили бороду до земли, не тренировались буквально ко въезду в Россию на белом коне и вряд ли пороли на конюшне Юрия Штейна (хотя я бы сурово Вас за это не осудил). Казни у меня — это метафора. Я не думаю, что Вы, будь у Вас власть, рубили бы лю-*

дям головы, но, правду сказать, при Вашей власти жить бы не хотел. Что бы Вы сами о себе ни говорили, характер у Вас авторитарный, самоуверенность (принимаемая Вами за знание истины) чрезмерная и Вам близки люди только одной группы и одного направления мысли. А Россия страна большая, проживают в ней люди разного происхождения, разных взглядов, национальностей и конфессий, и всем, родившимся в ней, она принадлежит равно. Вы, игнорируя общечеловеческий опыт, ищете для России какого-то отдельного пути, которого нигде уже нет. Все дороги современного человечества перемешались, дальше будут перемешиваться еще больше. Это неизменный процесс, нравится он или не нравится, остановить его невозможно; стать поперек пути — задавит. Поэтому остается одно: стараться к нему приспособиться. Это касается отдельных личностей, стран, народов и всего человечества.

Вы напрасно причисляете меня к своим ненавистникам. Никогда чувство, сколько-нибудь похожее на ненависть к Вам, у меня не возникало. Просто Вы очень отличаетесь от мифа, наделившего Вас достоинствами, не совместимыми в пределах одной человеческой личности. Я сам принял скромное участие в создании мифа, но, видя его распадение, не злорадствовал и не злобствовал, а огорчался. А потом решил посмеяться над мифом и над собой не меньше, чем над Вами. А так что же... Вы фигура историческая, уникальная, такой роли в истории ни одному писателю сыграть еще не удавалось и, даст Бог, в ближайшем будущем не удастся. Писатель Вы крупный, но уж не настолько, чтобы Вам не подобрать никакой пары для сравнения. Сравнение с Василием Гроссманом Вас не должно оскорблять, он писатель очень хороший, но тоже не Лев Толстой. Человек Вы страстный и пристрастный, обуянный непомерной гордыней, которая помешала Вам трезво оценить свой дар. Берясь за «Красное колесо», Вы возомнили когда-то, что можете написать великую (или даже величайшую) книгу о жизни людей, не проявляя к ним, живущим вокруг Вас, реального интереса. Получилась, говоря словами одного забытого ныне поэта, «вещь не столько великая, сколько великоватая». А что до истины, то ею никто не владеет, но человек, уверенный, что овладел истиной, находится дальше от нее, чем тот, кто в себе сомневается».

Вот и все.

В конце напомню еще раз призыв Солженицына «не говорить того, что не думаешь, но уж: ни шепотом, ни голосом, ни поднятием руки, ни опусканием шара, ни поддельной улыбкой, ни присутствием, ни вставанием, ни аплодисментами». Вот и не будем говорить того, что не думаем, ни так, ни сяк. Но что думаем, скажем.

Хотя и сейчас кое-кому это очень не понравится.

P.S. Я долго работал над этой книгой. Писал ее, переписывал, откладывал на неопределенное время и опять за нее принимался.

Сам себя проверял, не перегибаю ли палку, не поддаюсь ли заведомо несправедливому чувству. А поставив точку, вдруг усомнился, не ломлюсь ли в открытую дверь. Оказалось, что, как только стал ломиться, дверь тут же захлопнулась. Два журнала, один очень известный и второй известный не очень, за мою книгу сперва ухватились, а потом отступили. В очень известном побоялись, что книга произведет раскол в стане читателей, в малоизвестном, рискуя остаться в пределах малой известности, испугались сами не не зная чего. Хотя имели шанс увеличить тираж. Их реакция и неуклюжие извинения убедили меня в том, что избранная мною тема еще не устарела. Имя Солженицына все еще одним людям внушает почтительный трепет, другим мистический страх. Правду о нем раньше нельзя было говорить по одной причине, а теперь по другой, но мало отличимой от первой. И с похожими последствиями. Противники Солженицына когда-то за защиту его исключили меня из Союза писателей и запрещали мои книги в Советском Союзе. Сторонники Солженицына за пародию на него запрещали мою книгу на Западе, а в России меня проклинали. Не противники и не сторонники, а осторожные печатать меня раньше боялись и теперь опасаются. Это все укрепляет меня в убеждении, что жить не по лжи трудно.

Но надо.

Но бесполезно.

Литературно-художественное издание

Войнович Владимир Николаевич
ПОРТРЕТ НА ФОНЕ МИФА

Ответственный редактор *М. Яновская*
Художественный редактор *И. Сауков*
Технический редактор *Н. Носова*
Компьютерная верстка *Е. Попова*
Корректор *М. Минкова*

В оформлении переплета использованы фотографии
заслуженного работника культуры РФ, члена Союза писателей
и Союза художников России, лауреата литературных премий
им. К. Симонова и А. Фадеева *Николая Кочнева*

Подписано в печать с готовых монтажей 19.07.2002.
Формат 75x90 ^{1}/$_{32}$. Гарнитура «Таймс».
Печать офсетная. Бум. офс. Усл. печ. л. 7,5. Уч.-изд. л. 6,0.
Доп. тираж 7000 экз. Заказ 4309.

ООО «Издательство «Эксмо».
107078, Москва, Орликов пер., д. 6.
Интернет/Home page — www.eksmo.ru
Электронная почта (E-mail) — info@ eksmo.ru

***По вопросам размещения рекламы в книгах издательства «Эксмо»
обращаться в рекламное агентство «Эксмо». Тел. 234-38-00***

Книга — почтой: Книжный клуб «Эксмо»
101000, Москва, а/я 333. E-mail: bookclub@ eksmo.ru

Оптовая торговля:
109472, Москва, ул. Академика Скрябина, д. 21, этаж 2
Тел./факс: (095) 378-84-74, 378-82-61, 745-89-16
E-mail: reception@eksmo-sale.ru

Мелкооптовая торговля:
117192, Москва, Мичуринский пр-т, д. 12/1.
Тел./факс: (095) 932-74-71

Сеть магазинов «Книжный Клуб СНАРК»
представляет самый широкий ассортимент книг
издательства «Эксмо».
Информация в Санкт-Петербурге по тел. 050.

Книжный магазин издательства «Эксмо»
Москва, ул. Маршала Бирюзова, 17 (рядом с м. «Октябрьское Поле»)

ООО «Медиа группа «ЛОГОС».
103051, Москва, Цветной бульвар, 30, стр. 2
Единая справочная служба: (095) 974-21-31. E-mail: mgl@logosgroup.ru
contact@logosgroup.ru

ООО «КИФ «ДАКС». Губернская книжная ярмарка.
М. о. г. Люберцы, ул. Волковская, 67.
т. 554-51-51 доб. 126, 554-30-02 доб. 126.

ОАО «Тверской полиграфический комбинат»
170024, г. Тверь , пр-т Ленина, 5.